罪を犯した人々を支える

——刑事司法と福祉のはざまで

藤原正範
Masanori Fujiwara

岩波新書
2014

目　次

目次

序　章　刑事司法で「対話」は可能か

1　裁判を傍聴する――二〇二一年年頭の決意

二〇二一年の始まりは新型コロナウイルス感染症第三波のピークで迎えた。一月一日、庭の畑に入れるため、妻と二人でシルバー人材センターに持ち帰り自由のチップをもらいに行った。夜は、帰省できない県外の娘、息子とスカイプで年始のあいさつを交わした。娘と息子が「お父さんとお母さん、今年はどうするの」と尋ねてくる。二人は、仕事の一線を退いてこれから自由になるという私たち両親に「コロナで残念ね」と言いたいようであった。子どもたちの問いかけに対して私は、前もって考えていたわけではないのに「今年は裁判の傍聴に行くつもり」と口にした。

私は二八年間、家庭裁判所調査官という仕事をし、その後一五年間、大学の社会福祉系学科で教員をした。少年非行の専門家というのが私の看板である。仕事柄、これまでたくさんの非行少年を見てきた。その経験から、非行少年の大半は、大人になってからは罪を犯していないという確信がある。中学生のころに不良と言われたが成長して地域の貴重な働き手になったという例は多い。

現在、刑事司法の世界では、犯罪を繰り返す「累犯者」をどうするかが大きな課題となっている。この累犯者の多くが元非行少年でないとするなら、この人たちはいったいいつから、どういう事情で犯罪に手を染め、やめられなくなったのだろうか。社会活動の一線から身を引いて時間に余裕ができた今だからこそ、この疑問を解いてみたいと考えたのだ。

犯罪者について情報を得るとしたら、そのフィールドはどこだろうか。それは刑事裁判である。新型コロナ感染症がまん延している中でもその営みは中断していなかった。刑事司法はエッセンシャルワークである。地元の岡山地方裁判所の法廷は月曜から金曜まで開かれており、ほとんどすべてが公開されている。二〇二一年の年頭、娘と息子に決意を伝えたのをきっかけに、私は岡山地方裁判所に頻繁に通い始めた。

傍聴対象は裁判官単独の法廷と定めた。マスコミが騒ぐような裁判員裁判の傍聴はしない。開廷前から傍聴希望者の行列ができるような裁判は対象外とする。私は、ひとけのない寂しい法廷の傍聴席に好んで座った。

ときは新型コロナ感染症拡大期。傍聴席の二席の一つにバツ印が貼ってある。裁判官一人の法廷は傍聴席二〇程の小さい法廷で行われることが多いが、バツ印のためその半数しか入れない。小さい法廷では、被告人、検察官、弁護人の表情が手にとるようにわかる。ちなみに裁判官は表情を顔に出すことはない。検察官や弁護人が感情をこめて演説風に話すのとは対照的である。

裁判官一人だけの裁判が裁判員裁判用の大きい法廷で行われることもあった。この法廷には傍聴席が一〇〇近くある。緩やかな弧の形をした裁判官・裁判員の机は、九人がゆったり並んで座れる長さである。その席の真ん中に裁判官一人、検察官席に検察官一人、弁護人席に弁護人一人、その前に制服姿の押送《おうそう》職員二人に挟まれた一人の被告人が座る。大きな空間の中で行われる小さな裁判は、実に不釣り合いである。大きい法廷では、検察官、弁護人、被告人の表情の読み取りは困難である。小さな画面を遠くから見ているような印象である。

私が入る法廷の傍聴席には空席が目立つことが多く、私一人だけということもあった。傍聴席に被告人の家族や友人と思われる人がいると、被告人の味方になる人もいるんだとほっとした気分になる。被告人と関わりのなさそうな傍聴人もいる。「小六法」を片手に抱えたスーツ姿の若者のグループはどこかの研修生だろうか。また、高齢でいかにも傍聴マニアという感じの男性が短時間で法廷を出たり入ったりすることもある。彼らはどういう関心からこの法廷に身を置いているのだろうかという思いが頭の中をよぎるが、そういう私をほかの傍聴者がどう見ているかも気になる。法廷は、人を緊張させる場である。

傍聴席を木の柵で隔てた向こう側が、刑事裁判の実践者たちの舞台となる。裁判官席は傍聴席から見て一番奥にあり、一段高くなっている。その背後には裁判官が入廷する扉がある。岡山地裁では、傍聴席から見て左側が検察官席、右側が弁護人席である。身体拘束中の被告人は弁護人席前の長椅子に押送職員に挟まれて座る。身体拘束されていない被告人は弁護人席に弁護人と並んで座る。そして、検察官席と弁護人席の間、裁判官が壇上から見下ろせる位置に証言台がある。検察官、弁護人は自席で立って発言するが、証人と被告人は最初証言台に立たされ、質問に答える段階になると裁判官から椅子に座るよう促される。これが法廷の一般的な風景である。

私から見ると、裁判官、検察官、弁護人は若い。つい娘・息子と同じくらいだろうかと、年齢を値踏みする癖がついてしまった。良いことでないと思うが、心がそう動く。また、服装にも目が行く。裁判官は定まった黒衣である。検察官は男女ともスーツに整った頭髪で、型通りの公務員スタイルである。弁護人は公務員スタイルの人もいれば、驚くほどおしゃれな服、時には相当カジュアルな服の人もいて、さまざまである。

いつも気になるのは、身体拘束中の被告人の腰縄と手錠である。観察すると、腰縄は裁判官の入廷前に解かれ、手錠は裁判官の入廷後に外されている。そのすべてが傍聴人の目の前で行われる。押送職員が好き好んでそうしているのでなく、一定の規則に基づいてのやり方なのであろう。被告人に恥ずかしい思いをさせることを目的とした儀式のように感じる。人生の節目としての儀式といえば成人式、結婚式などで、通常その儀式の後、その人は人としてより尊重されるようになる。葬式に至っては人が仏になるのであるから、尊重の度合いはさらに大きい。だが、刑事裁判で行われる儀式は人を著しく貶める。

被告人は「有罪とされるまでは、無罪と推定される権利を有する」(「市民的及び政治的権利に関する国際規約(B規約)」第一四条第二項)はずだが、その儀式を見る限りそれが実行されているとは思えない。白か黒かが決する前に屈辱的な体験をさせるのはフェアなやり方でないが、実際は「九九・九パーセント有罪」の前提で制度が動いている。考えてみれば、厚生労働省の村木厚子さんも身体拘束されたまま刑事裁判を受けたのである。私なら屈辱感に心が折れ、一日も早くこういう状況から逃れようとして検察官に迎合し、身に覚えのない罪を自白していたかもしれない。村木さんは裁判で無罪を勝ち取り、厚生労働省に復帰して事務次官に昇任した。しかし、村木さんのようには頑張れない人のほうがはるかに多いだろう。たとえ「〇・一パーセント無罪」が正しい裁判の結果であるにしても、推定無罪の原則にふさわしいやり方があるのではないだろうか。

2　社会的なバッシングを受ける犯罪加害者

私が法廷傍聴を始めた時期、憂鬱な刑事裁判が報じられていた。いわゆる「池袋暴走事故」である。被告人飯塚幸三さん、八七歳は、二〇一九年四月一九日、東京都豊島区東池袋四丁目でアクセルとブレーキを踏み間違えた過失で交通事故を起こし、二人を死亡、九人を負傷させた。これは「自動車運転死傷処罰法」で「七年以下の懲役若《も》しくは禁錮又は百万円以下の罰金」が定められた犯罪である。飯塚さんは高齢で自身も重傷を負っており、この事件で逮捕、勾留されなかった。逃亡や罪証隠滅のおそれがないことから身体拘束の必要がないと判断されたのである。しかし、飯塚さんが元通商産業省のキャリア官僚であったことから、ネットには「上級国民だから特別扱いしている」という書き込みが溢れた。この事故の結果は悲惨であった。若い母と幼な子が死亡した事実は衝撃的で、遺影を胸に掲げてマスコミの取材に答える夫であり父である遺族の姿には痛々しさを覚えた。

飯塚さんの刑事裁判は、東京地方裁判所で二〇二〇年一〇月八日に始まった。飯塚さんは公訴事実に書かれた自らの過失を全面的に否認し、「車の電気系統に異常が起きてブレーキが利かなくなった」と主張し続けた。私は、この裁判の進行について新聞やテレビ、ネットの情報に接しただけであるが、検察官が積み上げる数々の客観的証拠により、被告人の言い分は通るはずがないと思った。最後まで否認を貫いた飯塚さんの姿勢は、遺族の感情を刺激し、マスコミ報道も厳しいものとなった。しかし、本人が事故原因を乗用車の電気系統の異常と認識している限り刑事裁判においてそう主張するのは被告人の権利であり、弁護人はその正当性を訴え続けるしかない。

二〇二一年九月二日、東京地方裁判所は検察官の主張を認めて飯塚さんを有罪とし、「禁錮五年」の判決を言い渡した。被告人が控訴しなかったため、同月一七日に刑が確定した。その後、被告人は「提出された証拠及び判決文を読み、暴走は私の勘違いによる過失でブレーキとアクセルを間違えた結果だったのだと理解」したと述べた(毎日新聞「事件がわかる　池袋暴走事故」)。

被告人は、同年一〇月一二日、東京地方検察庁に出頭し、東京拘置所に収監された。現在、どこかの刑務所で服役中である。禁錮刑は作業が科されないが、刑務所生活は規則ずくめで、面会も外部との通信も制限される。飯塚さんの年齢を考えると、獄中で健康状態がさらに悪化することは必至であろう。

私は、新型コロナ感染症の陽性者数が報じられる合間に流れる飯塚さんの事故や裁判の情報によって、相当憂鬱な気分になった。人を死なせたような犯罪者は手錠を掛けられ衣服で顔を覆われて護送されなければならない。当然刑務所にぶち込まれるべきだ。自分のやった行為を否認したり、正当化したりすることは許されない。悪いことをした奴が病気や障害だと言って逃げるのも許されない。こんな感情が世の中に満ちていた。

罪を犯した者が刑に処せられるのは当然である。しかし、犯罪者にも人としての尊厳があり、それは尊重されるべきである。その犯罪で被害に遭った人が加害者を「人でなし」と罵ることは当然理解できる。それに世間が同調することもやむを得ないかもしれない。しかし、少なくとも刑事司法の担い手は、犯罪者の人としての尊厳を守り続けなければならない。詳細を承知するものではないが、飯塚さんは長年国家公務員として困難な仕事に励み、退職後も経験と知識を生かして社会貢献に努めた人であるという情報に接した。有罪判決と受刑によって、彼の過去がすべて否定されるものではない。

刑事裁判の傍聴を通して、私はしばしば失望した。裁判のあり様はその国の品位を表しているのではなかろうか。今の裁判は、関係者が寄ってたかって被告人に恥をかかせ、人格を貶めているようにしか見えない。検察官、弁護人、そして裁判官の頭の片隅に、ここまで数十年生きてきた被告人の人生に対する労いの気持ちはあるのだろうか。

3 家庭裁判所調査官の経験

私は、一九七七年四月から一九九九年三月まで、岡山家庭裁判所の調査官であった。今の建物は一〇年程前に建て替えられており、私が働いていた場所は古い庁舎の三階西端にあった。調査官の仕事は、来る日も来る日も面接室で誰かと話をするというものである。

調査官時代の話をするときりがなくなるが、個人情報に触れない形で体験を一つだけ語ってみたい。ある幹線道路を時速五〇数キロの速度超過で検挙された男子少年A君(一八歳)の件である。

検察庁から送致された記録は、オービス(自動速度違反取締装置)通過時の速度が記載され、そのときの運転者をとらえた小さな写真が貼り付けられたペーパーや、後日A君が警察官に話した内容をまとめた署名入りの調書など数枚が綴じられた縦長冊子である。

どこの家庭裁判所にも、道路交通法の最高速度違反の事件については、超過した速度と過去の同種事件の有無や回数によって、どういう処分を選択するかという基準がある。少年審判は本人の要保護性を十分に斟酌《しんしゃく》し一人ひとり個別に行うのが原則だが、非常に数が多い交通違反少年を原則どおり調査・審判するのは困難である。そのため調査・審判を即日で行うシステムが調えられている。

A君は、過去、家庭裁判所に呼ばれるような事件を起こしたことはなかった。私は、マニュアルどおりA君と母親との面接を三〇分程で終え、すぐに少年調査票を作成して裁判官に提出した。調査官の意見は基準の枠内の「(交通)保護観察」である。もちろん裁判官もその意見どおり決定した。審判後、書記官から指示され、A君と母親は裁判所の隣にある法務合同庁舎(現、岡山法務総合庁舎)内の保護観察所に行った。

数日後、保護観察所から「この前の速度違反のA君の父親から電話がありました。あの違反は先輩の身代わりだったと本人が言っているそうです。保護観察をどうしましょうか」という電話が入った。慌てて事件記録を確認した。すでにA君がどんな顔だったのか忘れてしまっており、オービスが撮影した小さな写真を見たが、何も思い出さなかった。

このような主張を放置することはできない。事件を送検した警察に事情を話し、再度捜査をしてもらうしかない。私は、その警察署の交通係に行き、事情を話した。その後、警察・検察とA君、保護者との間でどのようなやり取りがあったのかは知らないが、数カ月経った頃、少年の犯人隠避事件の記録が検察庁から家庭裁判所に送られてきた。

私は、A君と再び対面することになった。この日は両親が付き添ってきていた。犯人隠避の事実の確認をすると、「そのとおり、間違いありません」と答える。オービスの写真とA君を見比べると、似た雰囲気ではあるがよく見ると別人である。父親が「申し訳ありません、うちの子が嘘を言って。今回はよく言って聞かせました」と頭を下げる。

交通違反の調査・審判で少年の嘘を見抜くことができなかった責任は家庭裁判所にある。父親に頭を下げられ、私は大いに恥ずかしい気持ちになった。今回はしっかりした調査をしなければならない。二時間以上かけて、A君、両親と面接した。

私「速度違反をした先輩の身代わりになったのはどうしてなの」

A「先輩に仕事や遊びで世話になっていて、断れなかった」

私「先輩はどうして君にそんなことを頼んだの」

Ａ「この違反で免許取り消しになる。そしたら会社も首になると言ってました」
私「どうして保護観察所で本当のことを言う気になったの」
Ａ「保護観察の説明を聞いているうちに恐ろしくなった」
私「どういうところが」
Ａ「今度事件を起こすと少年院に入るという話があって」
私「速度違反で保護観察になると思わなかったの」
Ａ「罰金になるから、罰金は俺が払う。礼もする。先輩はそう言いました」
私「しかし、あなたは免許停止にもなったでしょう。それは困らなかったの」
Ａ「はい。僕は仕事で運転しないし、何とかなると思って」
私「余計おおごとになったよね。どう思う」
Ａ「後悔してます」
私「先輩とはどうなったの」
Ａ「今度のことでお父さんが先輩に電話しました。先輩もすまなかったと言ったらしいです。今は付き合いをやめてます」

その後、家庭裁判所はA君の保護観察決定を取り消す決定をし、保護観察は中断された。問題は犯人隠避事件の処分をどうするかということであった。私は「不処分相当」の意見を書いた。この一連の経過の中でA君は法律を守ることへの自覚を高め、両親は一八歳の息子からまだまだ目が離せないと監督を強めていた。親子関係は円満であり、A君は毎日仕事に通っている。私は、A君に保護処分の必要はないと考えた。裁判官は、私の意見を受け入れ、後日の審判で不処分の決定を言い渡した。

少年法の目的は健全育成である。家庭裁判所の調査・審判も、少年院や保護観察所による保護処分の執行も、そのすべてが少年の成長発達に寄与するものでなければならない。そのためには、家庭裁判所の裁判官・調査官と少年・保護者、さらに学校の教職員、福祉関係機関の職員、少年の勤め先の雇主・同僚、弁護士など少年本人を取り巻くあらゆる人・組織との信頼に基づくコミュニケーションが必要である。

しかし、家庭裁判所において信頼に基づくコミュニケーションが理想どおり展開されているわけではない。過去の私もそれを十分実践できていたとは言えない。それを目指さないといけないという思いはあったが、なかなかうまく行かず苦しんだというのが率直なところだ。家庭裁判所が健全育成を目的にして動いているとは言え、そこは教育や福祉の場でなく、紛れもなく刑事司法の一翼である。人と人との心の底からの対話が容易に成り立つフィールドではない。ただ、私は豊かなコミュニケーションを図ろうと努力してきたし、おそらく現役の調査官もそうしているに違いない。私は、そのような家庭裁判所の空気をいっぱい吸い、今ここにある。

4　刑事司法と福祉の対話

刑事裁判・刑務所に代表される刑事司法は少年司法とまったく異なると考える人は多いが、刑事政策的視点では少年司法は広い意味の刑事司法の一領域である。したがって、共通点は多い。まず、両者は、罪を犯した疑いのある人が間違いなくその罪を犯した人であることを厳重にチェックして確定させ、多くの人が納得できるような制裁を加える役割を担っていること。次に、司法の作用がその後の人生に決定的な影響を及ぼすこと。最後に、犯罪から離脱し新たな人生を切り拓くには、その人が生き直そうとする社会との間に信頼に基づくコミュニケーションが成立する必要があり、司法は対象となった人々をそこに誘う立ち位置にあるということ。

この最後の事柄は少年司法のみに求められることであり、刑事司法には関わりがない、ということにはならない。もし刑事司法がその立ち位置にあることを否定するなら、社会にとってこんな無責任な制度はないということになろう。

少年司法であれば、非行少年に対して将来幸せになろうと堂々と言えるが、刑事司法の場合、刑罰終了後に幸せになろうとは主張しにくいように思う。だが、刑罰が、その終了後に安心できる居場所を獲得することの障害となり、悪影響をもたらし続けるとしたら、問題である。

刑罰の執行を終えた人を支援しなければ再び罪を犯してしまうという現実が、検挙者に占める再犯者比率の上昇というデータによって明らかになった。世界一安全な国を目指す日本政府は、二〇一六年に「再犯の防止等の推進に関する法律」(再犯防止推進法)を制定し、同法に基づく再犯防止推進計画を公表した。その中では、福祉・医療・教育の果たす役割の重要性が力強く訴えられている。

刑罰を終えた人への生き直しに向けた支援は、この二〇年ほどの間に確かに前進した。しかし、刑罰を決定するという刑事司法手続きのもっとも重要な段階で、その人の生き直しのプロセスが考慮されているかと問えば、非常に寂しい状況である。ただ萌芽的な動きがないわけではない。刑事弁護に社会福祉士や精神保健福祉士が関与し、被告人を支援する活動は、地域的偏在こそあるものの、少しずつ広がってきている。

刑事司法がその手続き全体を通して、福祉との対話をやっと始めるようになったのである。ただ、この対話はまだ一方的なものにすぎず、刑事司法が福祉を活用する、率直に表現するならば業務を下請けに出すかのような姿勢であるように感じる。福祉は独自の理念、目的、方法を有しており、この専門分野はソーシャルワークと呼ばれている。司法領域で活動するソーシャルワーク業務は「司法(フォレンジック)ソーシャルワーク」と名付けられ、それがソーシャルワークである限り、理念、目的、方法の基本は何ら変わらない。この福祉の論理は刑事司法の論理とことごとく対立することだろう。だからこそ、ぶつかり合いながらより良い解を見つける作業が必要なのであり、それによって初めて対話は成立するのである。

この本では、私の裁判傍聴記録をふんだんに活用しつつ、罪を犯した人にとって裁判が、社会との信頼関係を回復するための誘いの場となりえているかどうかを、厳しく点検してみたい。

第一章　罪を犯した人たちのリアル

――刑事裁判から見えてくるもの

二〇二一年の正月気分が抜けたころから、私は、娘と息子に宣言したとおり、頻繁に岡山地方裁判所に傍聴のため出かけるようになった。私は、二八年間も裁判所の中で働いていたのに、刑事裁判の現場をほとんど知らなかった。驚きの連続であった。まずは私が傍聴した裁判の体験記録をもとに、その現場を紹介しよう。

1　刑事裁判の形――覚醒剤取締法違反事件の被告人B

傍聴席に座っているのは私たち夫婦だけであった。私は、週に何度も傍聴に行くが、ときどき妻がいっしょに行きたがった。妻は、以前の住所地で保護司を務めたことがあり、刑事裁判に関心があったからだ。

私たちが法廷に入ったとき、すでに裁判官が被告人に氏名などを尋ね本人確認を行う「人定《じんてい》質問」は終わっており、いきなり検察官による起訴状の朗読が始まった。

公訴事実——被告人は、法定の除外事由がないにもかかわらず、令和〇年〇月〇日頃から同年〇月〇日頃までの間、岡山県内またはその周辺において、覚醒剤であるフェニルメチルアミノプロパン若干量を自己の身体に摂取し、もって覚醒剤を使用したものである。
罪名及び罰条——覚醒剤取締法違反、同法第〇〇条第〇項第〇号、第〇条。
以上につきご審理願います。

ものすごく早口で、法律条文の数字はほとんど聴き取れない。被告人も傍聴者もわからなくて結構という態度である。朗読が終わると、裁判官が被告人に黙秘権を告げる。裁判官は検察官と違いゆっくりかみしめるように言葉を運ぶ。そして、「先ほど検察官が読み上げた公訴事実に間違いはないですか」と質問する。被告人に検察官の読み上げた事実が聴き取れたとは思えなかったが、今まで何度も同じような質問を受けてきたのだろうか、平然とした口調で「やったことは間違いない」と答えた。しかし、そのすぐ後「打ったところが、岡山県じゃなく、大阪府なんですが……」と付け加える。裁判官は「弁護人のご意見をうかがいます」と問う。弁護人は「被告人と同じ意見です」と答える。
その後、裁判官の指示で被告人は証言台から弁護人の前の席に移った。押送《おうそう》職員が被告人を両脇から固める形に変わる。

〔証拠調べ〕

裁判官が証拠調べ手続きに入ると告げた。検察官が冒頭陳述を始める。

覚醒剤取締法違反

被告人――B

被告人の身上経歴等――被告人は○○県○○市で出生し、地元○○県の高校を卒業。建設業、土木業などをしていたが、平成○年○月頃より○○商会の従業員として稼働している。被告人は、令和○年○月○日、○○簡易裁判所において、傷害の罪により罰金二○万円の判決を受けている。

犯行に至る経緯、犯行状況等――被告人は、大阪府から岡山県に車で移動中、令和○年○月○日午後○時頃、岡山県岡山市のドライブインにおいて被告人の言動に変調を感じた警察官が職務質問したところ、腕に注射痕があり、警察署に同行を求められた。同署において尿の鑑定を行った結果、覚醒剤が検出されたため、被告人は翌○日に通常逮捕された。被告人は警察官に対して一貫して覚醒剤使用を否認したが、検察官の取調べにおいて認めた。

情状その他——（説明はなかった）

以上の事実を立証するため、証拠等関係カード甲・乙記載の各証拠の取調べを請求します。

裁判官が弁護人に「検察官の証拠請求に対する弁護人のご意見をうかがいます」と尋ねると、弁護人は「すべて同意します」とあっさり答える。裁判官が「それではすべて採用して取調べます。検察官は要旨の告知をしてください」と言う。

検察官が冒頭陳述にも増して早口で書証の要旨の説明を始め、長々と続いた。「甲号証」が一〇少々、「乙号証」が七～八あっただろうか。何を説明しているかを理解するのは容易ではない。「甲号証」には警察官作成の捜査の端緒に関する記録、注射痕と思われる腕の写真、尿検査の鑑定結果など犯罪事実立証のための資料、「乙号証」には被告人の調書、身上照会結果、前科調書など被告人本人に関わる資料があった。

元調査官の私にとって、少年保護事件記録を読むのは重要な仕事であった。調査官時代の記憶をたどりながら、それぞれの書類の形式や内容を頭に浮かべた。一般の傍聴者には書証と言われるものが何かはわからないだろうと思う。

検察官は読み上げ終えると、手元にあった全ての書類を重ねて書記官に手渡した。書記官はそれを壇上の裁判官に渡す。

その後、裁判官は「弁護人の立証計画をうかがいます」と尋ねる。弁護人は「被告人本人への質問をお願いします」と答える。

弁護人からの被告人質問が始まる。被告人は自らの生活状況について次のように語る。

大阪府内に住民票を置いている。この数カ月はそこに住まず放置しているので、帰っても住めるかどうかはわからない。昔、結婚していたが、離婚して現在一人暮らしである。○○商会の大阪事業所で働いていたが、社長から岡山県の店に副店長として行くよう指示された。乗用車で岡山に向かい、途中で立ち寄ったドライブインで警察に事情をあれこれ聞かれ、捕まってしまった。○○商会は多方面の事業をしているが、岡山県の店はキャバクラである。自分の仕事はマネージャー補佐である。

そして、事件の内容を次のように説明した。

覚醒剤をもらったのは知人からであるが、名前は言えない。その人は覚醒剤で何度か刑務所に入ったことがある。自分が覚醒剤を打ったのはこれが初めてで一回限りだ。そのころ親しい友人が三人も続けて死んだという連絡が入り、不安になってしまい、自分に嫌気も差していた。覚醒剤を打ったら楽になるかもしれないと思った。

その後、次のようなやり取りがあった。

弁護人「今後どうしますか」
被告人「いったん大阪府に戻って社長とこれからのことを相談します」
弁護人「覚醒剤にはもう手を出しませんか」
被告人「はい、そうします」
弁護人「ところで、警察で否認していたのに検察官の前で事実を認めたのはどうしてですか」
被告人「検事さんが良さそうな人で、説諭されて、これは正直にならんといかんなと思って……」

弁護人の質問が終わると、検察官の質問に移った。

検察官「大阪府で覚醒剤を打ったというのは本当なのか」
被告人「はい、もらった知人が大阪府の人なので」
検察官「その人の名前は言えないのですか」
被告人「はい、ちょっとそれは……」
検察官「覚醒剤を使ったのは一回だけですか」
被告人「はい」

検察官は、この被告人にこれ以上何を訊いても新たな事実を明らかにすることはできないと諦めた様子で、質問を短時間で終えた。
その後に裁判官は、覚醒剤を使用した場所を確認するため弁護人、検察官と同じような質問をしたが、被告人は「大阪府の知人宅で……」と繰り返し、それ以上何も言わないという姿勢は変わらなかった。

被告人に対する質問はこれで終了した。裁判官が検察官に「公訴事実を変更しますか」と尋ねる。検察官は「「岡山県内またはその周辺において」を「岡山県内、大阪府内またはその周辺において」とします」と答え、訴因変更後の公訴事実を読み上げた。裁判官から「どうですか」と尋ねられた弁護人は、すぐに同意した。

裁判官が検察官に「本日、論告しますか」と尋ねる。公訴事実を被告人が認めた通常の裁判では、被告人質問の後に検察官の論告・求刑、弁護人の最終弁論、被告人の最終陳述がある。そして、第一回期日で審理がすべて終了し、次回期日が判決の言い渡しになる。

この裁判では、なぜか検察官が論告を次回期日に回すと言い、裁判官はやむを得ないと判断したようであった。検察官、弁護人と裁判官の間で期日の調整が行われた。裁判官提案の日に弁護人の都合がつかず、次回期日は結局一カ月先になった。次回が論告と弁論、次々回が判決という日程になるのだろう。被告人は罰金刑の前科一犯であることから、この裁判の判決が執行猶予になるのは確実である。ただ、被告人の拘置所生活はこの先一カ月は続く。

＊

このケースは刑事裁判における一つの典型である。

被告人の犯罪について、尿検査で覚醒剤使用の反応が得られた事実のほかは何も明らかにならなかった。普通に考えると、被告人の覚醒剤使用は今回が初めての一回限りであるかどうか定かでないはずだが、証明できないことにこだわっても仕方ないのである。被告人の権利を守るためにすべての事柄を明らかにする必要はないという方法があり、被告人や弁護人がそういう作戦で裁判に臨むことはよくある。もちろんそれは許容される。警察で否認、検察官に自白という流れは、刑事司法の場をよく知った被告人の作戦かもしれないとも思う。

未解明の事実があったとしても、確実に証明できた事実さえあれば、その事実にふさわしい刑罰を決めることができ、それで足りる。これが刑事司法の世界である。

2　地域に貢献したのちに　――窃盗事件の被告人C

この日、私は一人で大きい法廷に入った。裁判官、検察官、弁護人、被告人、押送職員二名がすでに着席していた。傍聴者は一〇〇席ある傍聴席に男性二人だった。

開廷したばかりであった。裁判官が話し出すと、被告人は両手を両耳にかざした。高齢の被告人であり、そうしないと裁判官の声が聴き取れないようである。

裁判官「聞こえますか」
被告人「何とか……」
裁判官「聞こえなかったら補聴器を準備しますが、どうしますか」
被告人「いいです。聞こえます」

人定質問が始まる。被告人の氏名はC、年齢は七一であることがわかる。年より老けて見える。

その後、検察官が起訴状を朗読した。

公訴事実――被告人は、令和○年○月○日午後一一時五○分頃、○○県○○市○○ｘｘ番地所在の○○市消防団○○分団機庫において、○○消防署○○分団○○○○管理に係るガソリン二リットル(時価二八○円相当)を窃取したものである。
罪名及び罰条――窃盗、刑法第二三五条。

裁判官が罪状認否の質問をする。被告人、弁護人は事実をあっさり認めた。

〔証拠調べ〕

検察官が冒頭陳述を行った。

窃盗

被告人――C

被告人の身上経歴等――被告人は岡山県○○市で出生し、地元中学を卒業した。六○歳になるまで工員として働き、その後、年金生活を送る。三年前に離婚し、現在は一人暮らしである。前科二犯があり、平成○年○月○日、岡山地方裁判所において強制わいせつの罪により懲役一年六月、執行猶予三年の判決を受けた。被告人は現在も執行猶予中である。執行猶予期間中の令和○年○月○日、「廃棄物の処理及び清掃に関する法律違反」の罪により略式起訴され、岡山簡易裁判所において罰金四○万円の判決を受けた。

犯行に至る経緯、犯行状況等――被告人は、被告人所有の原動機付自転車のガソリンがなくなったところ、ガソリンを購入する金を持っておらず、かつて消防団員を務めていた○○市消防団○○分団機庫に携行缶入りガソリンがあることを知っていたことから、そのガソリンを盗むことを計画し、令和○年○月○日の深夜同機庫に侵入してガソリン二リットル、時価二八〇円相当を被告人所有のポリタンクに入れ窃取した。機庫付近設置の防犯カメラ映像から被告人の犯行が発覚し、同年○月○日、被告人宅において被告人を通常逮捕した。

情状その他――(説明はなかった)

裁判官から証拠について同意・不同意の回答を求められた弁護人は、すべてに同意した。その後、証拠調べに移った。検察官からおびただしい数の書類の要旨が延々と説明された。裁判官は、弁護人に立証計画を尋ねたが、証拠の申請は何もなかった。

その後、被告人質問に移った。まず弁護人が被告人の生活状況を尋ねた。

六〇歳の定年退職まで警察に捕まることはしていない。年金が二カ月に三〇万円くらいある。数反の田畑を所有し、農業をしている。三年前、強制わいせつで捕まった。その後、妻と離婚し、三人の子どもとの行き来もなくなった。今回の事件の少し前、台風で倒れた先祖の墓の修繕が必要になった。また、農機具が壊れて修理しないといけなくなり、何やかにやで出費がかさんだ。今は、二カ月分の年金は借金返済のため一カ月ほどでなくなってしまう。貯金通帳の残高はゼロである。ゴミの件の罰金が支払えず、三カ月刑務所(労役場)に入った。

その後、弁護人は厳しい質問を投げかけた。

弁護人「あなたは昔消防団に入っていたでしょう。その倉庫に入ってガソリンを盗んだことをどう思いますか」
被告人「消防団には昔一緒だった人が今もいます。悪かったと反省してます」
弁護人「謝罪に行きますか」
被告人「帰ったらすぐ行きます。弁償します」
弁護人「三人お子さんがいらっしゃいますね。あなたと同じ○○市に住む二女の方に、私が連絡しました。二度と連絡しないでくれと言われ、あなたの引き受けも断られました。どうしてこうなるのか、わかりますか」
被告人「前の件があったから。自分が悪いです」

弁護人「子どもさん三人とは行き来なしですか」
被告人「二女に米だけは毎年届けてやってます」

弁護人の質問の意図は何だろうか。被告人の後悔している姿勢を裁判官に見せるため、あえて厳しい質問をしたのだろうか。
検察官の質問に移った。検察官の追及はさらに厳しかった。

検察官「あなたは出費がかさんだと言ったが、お金がなくなったのはそのせいでなく浪費があったんでしょう。酒をよく飲んでいるのではないですか」
被告人「酒は好きでよく飲みます」
検察官「年金は結構あるのに金に困るというのは管理が悪いからでしょう」
被告人「墓の修理に八万円、農機具に五万円ほどかかりました」
検察官「ガソリンを買うお金がないので、よく知っている消防団の倉庫に盗みに行ったのですか」
被告人「ちょっと拝借しようと思って」

検察官「拝借じゃないです、盗みでしょう。いざ出動しようとしてガソリン不足で消防車が出せなかったらどうするんですか。あなたは消防団員だったのに、おおごとになると思いませんか」

被告人「はい」

検察官「あなたが事件を起こしたころ、関東地方で大きな山火事があって何日も消えなかったというニュースがありました。見なかったですか」

被告人「はい、見てないです」

このやり取りの間、被告人はずっと両手を両耳にかざしている。やはり補聴器があったほうが良かったと思う。この場は被告人にとって一大事で、本人なりに一生懸命対応しているが、被告人のポーズは周囲にふざけているかのような印象を与えてしまう。

〔論告・弁論〕

検察官の論告に移る。

犯罪事実は証拠によって証明されている。被害金額は小さいが倉庫に侵入しての盗みで事案は悪質である。元消防団員でありながらその自覚がなく、規範意識の鈍麻が見られる。執行猶予判決後二年足らずで本件を引き起こしている。以前には罰金刑になったゴミの不法投棄事件もあった。被害者は被告人への厳罰を希望している。被告人には社会内に援助する人が誰もいない。無計画な金銭支出により生活破綻を起こしていることから、再犯の危険性は高い。以上の点から、相当法条を適用し、懲役一年六月に処することを相当と思料する。

弁護人の弁論に移る。

被告人は被告人質問で答えたとおり本件を真摯に反省している。被害金額は弁償可能な軽微なものであり、被告人は弁償し謝罪すると約束している。本件動機はいろいろな不運により出費がかさんだもので、困窮の理由が無計画な支出であったと決めつけることはできない。年金は生活に十分な額であり、社会に戻って安定した生活を送ることは可能である。よって再度の執行猶予判決を求める。

その後、裁判官は被告人に最終陳述を促した。「何もありません。すみませんでした」と被告人は述べた。これですべての審理が終了し、二週間後、判決が言い渡されることになった。

＊

残念ながら、私はこの被告人に対する判決を傍聴できなかった。実刑判決の可能性が高いだろう。ただ、被害金額が軽微であることから、保護観察を付した上で再度執行猶予判決になったかもしれない。実刑判決ならば、執行猶予が取り消され、以前の判決と今回の判決を合わせて二年以上服役することになる。刑務所を出るとき七〇代半ばの男性はその後どのように生きていくのだろうか。しかし、ここで再度の執行猶予になって社会に戻ったとしても、被告人の生活上の問題はあまりに多い。

被告人は六〇歳で退職するまで会社員として働き、また消防団員として地域に貢献した人である。三年ほど前、どのような事情かわからないが、強制わいせつで逮捕され刑事裁判になった。その後この人の人生は大きく変わってしまった。妻と離婚し、子どもとの行き来もなくなった。被告人が酒浸りであるというエピソードもあった。また、ゴミの不法投棄、消防団倉庫からの盗みと、地域のルールを守ることができなくなっている。家族からも地域からも見離されたのは自己責任であり仕方ないと言いたくなるところだが、本当にそれでいいのだろうか。高齢者が一人で立ち直るのは難しいことだけは確かである。

弁護人は、弁論で再度の執行猶予判決を訴えた。しかし、根拠も裏付けもない主張であり、虚しい印象だけが残った。どうすれば良かったかは私にはわからなかった。ただ一つ、検察官の述べた「被害者は厳罰を望んでいる」というくだりは、少し違うような気がした。警察が被害者である団体の代表に被害感情を尋ねた結果であろうが、かつて自分たちの仲間であったこの被告人に対する感情はそんな単純なものではないという気がした。

3　七八歳による性犯罪——窃盗事件の被告人D

この日は、傍聴席の使用可能な席のほとんどが埋まっており、空席は一つしか残っていなかった。傍聴者の多くはスーツ姿の若者グループである。ラフな服装の一組の中年夫婦は小声で会話する様子から被害者家族と推察した。法廷には、検察官と弁護人が座っていた。

押送職員二名に挟まれて入ってきたのは、高齢の痩せた白髪交じりの男性であった。法廷奥の扉から入るとすぐに、押送職員は被告人に一度壁の方を向くよう指示し、腰縄を外してから弁護人の前の長椅子に腰掛けさせた。

裁判官が入廷する。全員が起立して一礼する。ここでやっと被告人の手錠が外された。

被告人が難聴であることが事前にわかっていたようで、書記官が補聴器を押送職員に渡し、押送職員は被告人に耳に着けるよう小声で言う。裁判官が「聞こえますか」と大きな声で尋ねる。被告人が頷く。

その後、裁判官は被告人に証言台に移動するよう指示する。

人定質問が始まる。被告人の氏名はD、年齢が七八歳であることがわかる。ここで、裁判官は「事件の性質から被害者の住所・氏名を法廷で読み上げないことにします」と告げた。証言台には読み上げない部分を記載した書面が置かれているらしい。

検察官が起訴状を朗読する。

公訴事実——被告人は、令和○年○月○日午後三時三○分頃、書面記載の住所地のベランダ洗濯干場において、書面記載の氏名の者所有の女性用下着三点、高校用制服一点(時価一万一五○○円相当)を窃取したものである。

罪名及び罰条――窃盗、刑法第二三五条。

裁判官による罪状認否の質問があった。被告人は事実を認め、弁護人はそれに同意した。

〔証拠調べ〕

検察官が冒頭陳述を行った。

窃盗

被告人――D

被告人の身上経歴等――被告人は○○県○○市で出生し、地元中学を卒業。六○歳頃まで土木作業員として働いていた。退職後、年金生活を送る。妻と二○年以上前に離婚し、子ども二人とも疎遠で、現在一人暮らしである。被告人は窃盗の前科一犯、前歴一回を有する。

犯行に至る経緯、犯行状況等――被告人は、毎日近隣を散歩することを習慣としている。この日の散歩中、被害者宅前を通ったとき、女性用下着と高校生の制服がベランダの物干場に干してあるのに気付き、ベランダの柵越しに手を伸ばして盗んだ。捜査員による近隣の聞き込みにより被告人が浮上し、本人を任意で取調べたところ下着等を盗んだ事実を認めた。
情状その他――（説明はなかった）

弁護人は検察官請求のすべての書証に同意した。証拠調べ手続きに移り、検察官から「甲号証」が一〇ばかり、「乙号証」が七〜八ほどの要旨が告げられた。その後、検察官から裁判官に書類の束が提出される。裁判官から立証計画を尋ねられた弁護人は「提出する証拠はありません。被告人質問をお願いします」と答えた。
被告人質問に移る。弁護人の質問が始まる。

自宅に一人暮らし。子どもが二人いるが、二〇年程前妻と別れ、それから会ったことがない。子どもが今どこで何をしているかも知らない。日課で毎日夕方に近隣を散歩する。たいてい被害者の家の前を通っている。二〇代のとき、家の近くの倉庫から食料品を盗んで捕まったことがあった。そのときの処分は忘れた。刑務所に入ったことはない。最近、万引きで一回捕まったが、警察で注意されただけで終わった。この事件の日、被害者の家の前を散歩で通ったとき、女生徒の制服が干してあるのを見て、家に持って帰りたくなった。ついでに干してあったブラジャーも盗んだ。

弁護人「やったことが恥ずかしいことであることはわかっていますか」
被告人「わかってます」
弁護人「反省の気持ちがありますか」
被告人「はい」
弁護人「これからどういうことに気を付けようと思いますか」
被告人「散歩のとき、被害者の家の前を通りません」
弁護人「約束できますか」
被告人「約束します」

弁護人は一〇分ほどで質問を終え、検察官の質問に移った。

検察官「あなたの家から女性物下着がたくさん出てきて、警察が持っていきましたね」
被告人「はい」

検察官「何点くらいあったかわかっていますか」
被告人「知りません」
検察官「あなたは下着を盗んでそれをどうしていたの」
被告人「置いておいて……」
検察官「匂いを嗅いで自慰をしていたのではないですか」
被告人「……はい……」(消え入りそうな小さな声)
検察官「被害者宅はあなたの家の近くですよね」
被告人「はい」
検察官「散歩のとき被害者の家の前を通らないことはできるのですか」
被告人「そうします」

〔論告・弁論〕

検察官の論告に移る。

被告人には女性用下着を嗅いで性的興奮を高め自慰をする性癖があり、本件はその性癖による犯行である。事案は身勝手で極めて悪質である。本件犯行が被害者とその家族に与えた精神的ダメージは非常に大きい。被害者家族は厳罰を希望している。再犯の可能性は高い。よって相当法条を適用の上、懲役一年に処することを相当と思料する。もし執行猶予判決にするなら保護観察を付することが必要である。

弁護人の弁論に移る。

被害金額は少額で、被害品は被害者に還付されている。被告人質問で明らかになったように、被告人は本件について恥の感情を有し、もうやらないと言っている。以上の点から執行猶予判決を求める。

最後に被告人の最終陳述があった。「もうしません……」と小さな声が聞こえた。

〔判決〕

一〇日後、第二回期日が開かれ、同じ法廷で判決が言い渡された。

主文——被告人を懲役一年に処する。この判決確定の日からその執行を三年間猶予する。

理由——被告人は過去一〇年間に一度の犯罪歴があるのみである。また、本件を反省し二度と同じことを繰り返さないと述べている。このような本人に有利な事情を汲み、今回は執行猶予判決にする。保護観察は付さないことと判断した。

その後、裁判官の説諭があった。

今回の事件は執行猶予の判決になったが、執行猶予の期間中に犯罪があれば次は実刑判決になる可能性が高く、また執行猶予は取り消される。同じようなことは二度としないようにしてほしい。

＊

閉廷後、弁護人は一瞬たりともこの場にいたくないという雰囲気を漂わせて、法廷から去って行った。押送職員は、膨らんだ紙袋を本人に渡し、手錠と腰縄を手に法廷を出て行った。被告人に近づいて声を掛けたのは検察官である。柔和な表情であった。

検察官「家まで帰る交通費は持ってるの」
被告人「何とか」
検察官「それなら帰れるね」
被告人「はい」

被告人の住所までは裁判所からバスで一時間以上かかることを思い出した。寒い日で風が強かった。被告人は逮捕されたときの服装のままなのか薄着である。どういう気持ちで帰途につくのだろう。

私が傍聴で、下着の窃盗、わいせつ行為、盗撮など性犯罪を犯した高齢男性に出会うのは、この裁判が初めてではない。数人の裁判を見たが、この人たちは若いころから性犯罪を繰り返していたわけではなかった。仕事を引退して自宅で過ごす時間が長くなったことが関係しているのかもしれない。また、共通して孤独な身の上であった。調査官としての経験から性犯罪を若い世代特有のものであると考えていたが、傍聴により高齢男性に性欲が動機になる犯罪が少なくないことを知った。そして、調査官の専門用語を使うなら、性犯罪を犯した少年より高齢者のほうが「要保護性」が高いように思われる。

検察官が被告人質問で犯行動機を問うのは、本人の羞恥心を覚醒させるためなのか。なぜ弁護人は上辺だけの反省を確認するのだろうか。これが刑事裁判の形であり、これしか方法がないだろうと言われるとそうだなと頷かざるを得ないのも事実である。

4 外国人犯罪――詐欺事件の被告人E

朝一番、私は、今日は小さい法廷に入ろうと考えた。入口横の一覧表を見ると、午前一〇時から一一時三〇分まで、中国籍と思われる被告人の「詐欺、窃盗、詐欺未遂」の審理が予定されていた。法廷に入ると、傍聴席に五人が座っており、うち二人は中国語で会話していた。

開廷時間直前、法廷に中年女性が緊張した表情で入ってきた。書記官に促され、書記官席の横に座ったので、彼女が法廷通訳人であることがわかった。

裁判官が入り、審理の開始を告げた。冒頭、通訳人の宣誓が行われた。その後、裁判官は

「最初は逐次通訳でお願いします」と指示した。通訳人が通訳を始めたが、日本語の語彙が乏しいようで、翻訳する言葉が実にそっけない。

冒頭手続きが始まる。会話の一区切りずつが通訳される。被告人の氏名はE、年齢は三二歳、国籍は中国、住所は東京都区内であった。

検察官が起訴状を朗読した。

公訴事実――被告人は氏名不詳者（中国籍）と共謀して、警察官になりすまし、不特定多数の者からキャッシュカードをだまし取った上、同キャッシュカードを使用して現金を窃取しようと企て、第一、令和○年○月○日、氏名不詳者が、複数回にわたり、岡山県○○市○○町○番地所在のX○○○方に電話をかけ、同人（八○歳）に対して、同人の氏名が振り込め詐欺に使用されているので新たなキャッシュカードを作成しなければならないと嘘を言い、コロナ感染予防のためキャッシュカードを同人宅郵便ポストに入れておくよう指示し、同日午前○時○分頃、同キャッシュカード一枚の交付を受け、もって人を欺いて財物を交付させた。

第二、同日午後○時○分頃から同月○日午前○時○分頃までの間、同市○○町○番地所在のY○○○において、同所に設置された現金自動預払機に株式会社○○銀行○○支店発行の前記X○○○所有のキャッシュカードを挿入して同機を作動させ、株式会社○○銀行お客様サービス部長○○○○管理の現金五〇万円を引き出してこれを窃取した。

第三、同日、氏名不詳者が、複数回にわたり、岡山県○○市○○町○番地所在のK○○○方に電話をかけ、同人(九二歳)に対して、同人の口座が振り込め詐欺に使用されているので新たなキャッシュカードを作成しなければならないと嘘を言い、コロナ感染予防のためキャッシュカードを同人宅郵便ポストに入れておくよう指示し、同日午前○時○分頃、同キャッシュカード一枚の交付を受け、もって人を欺いて財物を交付させようとしたが、同人宅付近で警戒中の警察官がいることに気付き、その目的を遂げなかったものである。

罪名及び罰条――詐欺、窃盗、詐欺未遂、刑法第六〇条、第二四六条、第二三五条、第二五〇条。

裁判官が罪状認否の質問をした。被告人は、第一・第二の事実を認めたが、第三の未遂事件について「警察官の存在に気付いてキャッシュカードを持ち帰らなかったのではない。前日の犯行時良くないことをしていることに気付いた。これ以上悪いことをするのはやめようと思って自らの意思で実行しなかった」と弁解した。弁護人は被告人と同意見であると述べた。

〔証拠調べ〕

検察官の冒頭陳述に移った。ここで、通訳人と被告人にヘッドホンが渡され、同時通訳になった。時間短縮のためだろうか。検察官は小声で手元のメモをひたすら読み上げ、通訳人は渡されたペーパーを中国語に翻訳する。傍聴人の耳には日本語と中国語の両方が同時に入ってくるので、何が話されているのかを聴き取るのは相当難しい。おそらくこんな話であったように思う。

被告人は二年前、技能実習生として中国から来日した。インターネット上の求人広告を見て連絡したところ、郵便ポストの中のカードを回収する仕事で一日二万円になると言われた。コロナで仕事がなかったので、やってみることにした。スマートフォンに指定されたチャットアプリをインストールし、チャットで指示されるとおりに行動した。東京から〇〇県に行き、そこからさらに岡山県に移動し、そこで指示された同県〇〇市のX〇〇〇宅の郵便ポストにあったキャッシュカードを取り、その後指示された〇〇駅近くのスーパーマーケット設置の現金自動預払機から現金五〇万円を引き出した。その後、大阪府に移動するよう指示され、同府○○市○○町○○公園において氏名不詳者に現金五〇万円を手渡した。そこで被告人はその者から現金六万円の交付を受けた。翌日、再び指示されたとおりに、岡山県に行き、同県○○市のK○○○宅郵便ポストのキャッシュカードを取りに行ったが、周囲に警察官と思われる人がいることに気付き、キャッシュカードを取ることなくその場を立ち去った。途中、スマートフォンのチャットすべてを消去した。同日、被告人を尾行し監視していた○○警察署警察官に職務質問され、犯行を認め、警察署内で通常逮捕された。

通常、検察官は被告人の最終学歴、職歴、結婚歴などを陳述するが、この被告人については省略された。

裁判官から申請証拠の取調べについて意見を求められた弁護人は「被告人の供述調書中の一部に主張したい部分があるが、そこは被告人質問で明らかにする」と述べ、すべてに同意した。

証拠調べ手続きに移った。同時通訳が続く。検察官によって夥しい数の書証の要旨が次々と説明された。「甲号証」が二〇以上、「乙号証」が一〇以上あり、その中身は私にはほとんど理解できなかった。

次に、裁判官から立証計画を尋ねられた弁護人は「情状に係る証拠として被害者X○○○の嘆願書を提出する」と述べた。検察官の同意が得られ、弁護人は「私が被害者宅を訪問して被告人の謝罪の気持ちを伝えたところ、提出の書面を書いてくれた」と嘆願書提出の経緯を説明した。そして、その書類を裁判官に提出した。

被告人質問に移った。ここから逐次通訳となり、ほっとする。弁護人の質問が始まる。

弁護人「キャッシュカードをだまし取り五〇万円を引き出して盗んでいるが、被害者に対する気持ちは」

被告人「悪いことをしたと思っている」

弁護人「被害者は相当なお年の方だが、どういう気持ちか」

被告人「老人の方に迷惑をかけて申し訳ない。ごめんなさい」

弁護人「弁償は考えているか」

被告人「はい」

弁護人「どうやって弁償するつもりか」

被告人「親や兄弟に話して少しでもお金を送ってもらう。友だちにも金を貸してくれと頼んでみる」

弁護人「できそうか」
被告人「やってみる」
弁護人「一回目の事件のとき、それが悪いことだと思っていたか」
被告人「はっきりではないけど、良くない気はした」
弁護人「五〇万円を渡した相手から六万円を受け取ったのはどうしてか」
被告人「自分の金を使って新幹線で移動した。その金をもらわないといけないと思った」
弁護人「二回目のとき、キャッシュカードを取らなかったのはどうしてか」
被告人「前の日のことがあったので、これ以上悪いことはできないと思った」
弁護人「自分の意思でやめたということか」
被告人「はい、自分で」
弁護人「二回目に行った家の近くに誰か人がいたか」
被告人「自分は見ていない」
弁護人「警察官が見張っていたのに気付かなかったのか」
被告人「気付かなかった」

被告人の言葉はどこまで信用できるのか。本気で弁償に取り組む気があるのか。二回目の犯行の中断は無理筋の主張ではないか。私の頭の中に次々と疑念が湧いてきた。
検察官の反対尋問に移った。当然、私が疑いを抱いたところを徹底して追及する。

検察官「最初の事件のとき良くないことをしているとわかっていたのか」
被告人「はっきりではないけど、何となく」
検察官「他人のキャッシュカードを使って金を引き出したんだ。良くないことでしょう」
被告人「はい」
検察官「そこからあなたは報酬をもらっているんだよ」
被告人「はい」
検察官「弁償すると言ったけど、親や兄弟、友だちがお金を貸してくれるの」
被告人「正直に話します」
検察官「あなたが中国にいたころ、働いてどれくらい収入があったのですか」
被告人「うーん、日本円にして月八万円くらいか……」
検察官「その中から生活費にどれくらい使っていましたか」

被告人「二万円くらいと思います」
検察官「五〇万円は大きな額だが」
被告人「何回かに分けて払います」
検察官「二回目の現場であなたがキャッシュカードを取らなかった理由は何ですか」
被告人「一回目のことがあって、良くないことと思い、これ以上悪いことはできないと思って」
検察官「周囲に人がいませんでしたか」
被告人「見ていません」
検察官「あなたはその現場を離れて警察官に呼び止められるまでの間にスマートフォンのチャットの情報をすべて消去しているね」
被告人「はい」
検察官「消去したのはどうしてですか」
被告人「理由はないです」
検察官「消去するよう指示されたのではないですか」
被告人「指示されてないです」

歯切れの悪いやり取りが続いた。

〔論告・弁論〕

検察官の論告に移った。再び同時通訳になった。

詐欺、窃盗、詐欺未遂

被告人——E

第一、事実関係——本件公訴事実は、当公判廷で取調べ済みの関係各証拠により、その証明は十分である。

第二、情状関係——犯行態様は悪質である。組織的で巧妙な手口による事案であり、被告人は郵便ポストのキャッシュカードを受け取る受け子、現金自動預払機で現金を引き出す出し子の役割であるが、被告人の存在なくして本件犯行は成立しなかった。被告人は自らの行為が犯罪であることを承知しながら、報酬を得るために本件を敢行しており、その自己中心的かつ身勝手な動機に酌量の余地はない。被害金額は五〇万円と高額で結果は重大である。被告人はこの行為によって六万円の報酬を受け取った。
以上、相当法条を適用の上、被告人を懲役四年に処することを相当と思料する。

弁護人の弁論に移った。

本件事実関係を争うものではない。詐欺未遂事件は被告人質問で明らかになったとおり自らの意思で犯行を中止しており、中止犯に該当する。被告人は本件を十分に反省している。本人の反省を被害者に伝えたところ、被害者から寛大な処分を希望する旨の嘆願書が提出された。以上の理由により、被告人には執行猶予判決を求める。

被告人の最終陳述に移った。「高齢の被害者に迷惑をかけ、反省しています」と通訳された。しかし、この言葉では、被告人がどのような表現で謝罪の気持ちを伝えようとしたのかはわからなかった。私には、通訳人の日本語より被告人はもっと多くのことを話していたように思えたのだが。

〔判決〕

二週間後、同じ法廷で判決の言い渡しがあった。傍聴席に中国籍と思われる二人と制服姿の職員二人が座っていた。制服は拘置所職員のものではない。釈放に備えて出入国在留管理局（入管）の職員が来たのだろうかと想像した。

裁判官が入ってきた。冒頭、弁護人から証拠調べ請求があった。裁判官は初回期日に終了を告げた審理を再開した。検察官は新たな証拠提出に同意した。弁護人は「被告人が被害者X○○○に三万円を送金した記録である」と説明した。被告人のために三万円を用意した人がいたようで、それは救いだなと思った。弁護人の手にしていた書類が裁判官に提出され、審理はごく短時間で終了した。

判決の言い渡しに移った。裁判官の言葉が逐次通訳された。

主文――被告人を懲役二年二月に処する。うち未決勾留日数中五〇日を算入する。

その後、判決主文の理由が説明された。最後に、裁判官は詐欺未遂について次のように述べた。

詐欺未遂事件に関わる関係証拠を精査したが、被告人が警察官の監視に気付いたことを示す証拠は確認できなかった。したがって詐欺未遂事件は被告人が自らの意思で中止したものであると判断した。

詐欺未遂については、被告人の言い分が認められた。本日証拠調べが行われた被害弁償金三万円は判決に影響したのか、まったく影響しなかったのかという疑問が残った。

裁判官から控訴の権利が告げられ、二〇分ほどで判決言い渡しは終わった。被告人は手錠・腰縄姿に戻され、法廷を出て行った。

＊

外国語で刑事裁判を受けることは被告人にとって苛酷である。通訳人が裁判をする国の言葉を巧みに使えないケースでは非常に不利である。言葉だけではない。外国と日本では生活習慣、性意識、家族観、金銭感覚、文化などすべてが異なる。自分と違う価値観の捜査員に取調べられ、裁判官に裁かれるのはとても恐ろしいことではないだろうか。

特殊詐欺事件は、暴力団組織などが背後にあり、その組織内のリーダーの指示の下にかけ子・受け子・出し子が役割を独立して担い、全体として犯行が完結するようになっている。最前線の受け子・出し子はリーダーの名前も所在も知らない。この役割は日本語会話がほとんどできない外国人でも担うことができるのだ。

特殊詐欺関連の犯罪に対する検察官の求刑は非常に厳しいと聞いていた。求刑四年、判決二年二月は、アルバイト感覚で罪を犯した被告人には少々厳し過ぎる気がした。被告人は中国籍であるので、一定期間の受刑の後、中国に強制送還されるのだろう。在日外国人に法を破るとこうなるのだと思い知らせて最後は追放する。それが日本の裁判所の役割だと言われたらそうですかと引き下がるしかないが、どこかに少しモヤモヤ感が残る。

5　「もう少し何とかできなかったのか」——窃盗事件の被告人F

ここで、岡山地方裁判所の裁判傍聴に通い始める数年前に、ほかの地方裁判所で傍聴したときの話をしておきたい。当時、私たち夫婦は岡山でなく○○県に住んでいた。妻は保護司で、かねてから一度刑事裁判を傍聴したいと言っていたが、一人で行く気にはならないようだった。私は仕事のため平日休むことができず、傍聴はなかなか実現しなかった。夏至を少し過ぎたある日、休日出勤の代休があったので、ここで妻の願いを叶えようと二人で地元の○○地方裁判所に出かけた。私は内心、まだ傍聴したことのない裁判員裁判が開かれていたらいいのにと期待していた。

残念ながらその日裁判員裁判はなかったが、私たちは裁判員裁判でも使われる大きな法廷に入ることにした。傍聴席の入口横に貼ってある開廷予定表に被告人氏名と事件名が記入してあった。「窃盗、窃盗未遂」とあり、大きな法廷で行われる裁判にしては平凡な事件のように思い、少しがっかりした。

法廷に入ると、傍聴席はほぼ満席である。どこかの大学の学生たちが学外学習で傍聴に来ているようだった。男女全員が白のカッターシャツに黒のスラックスという服装である。私たち夫婦は空いているところを探して離れた席に腰掛けた。

法廷内には、すでに検察官、弁護人、弁護人席の前にセーターにジャージの被告人、被告人を挟んで押送職員二名が着席していた。被告人は一〇代にも見える幼い顔立ちである。

法壇の後ろの扉が開き、裁判官が入廷した。法廷にいる全員が起立し、一礼した。裁判官は、全員が着席するのを待って審理の開始を宣言し、被告人に証言台の前に立つよう指示した。冒頭手続きに入る。裁判官が人定質問をする。氏名はF、年齢は二〇歳であった。

裁判官「住所なし、無職となっていますが、そうなのですか」

被告人「はい、そうです」

被告人は住所不定、無職であった。それで身体拘束されたまま裁判を受けるのだなと納得した。元調査官の私は、この年齢の被告人なら親が来ているはずだと思う。傍聴席を見渡すとネクタイ姿の男性が一人いた。この男性は学生を引率してきた大学教員に違いない。親のような存在は見当たらなかった。

検察官の起訴状朗読に移った。

公訴事実――被告人は、

第一、令和〇年〇月〇日午後〇時〇分頃、〇〇県〇〇市〇〇ｘｘ番地所在の駐輪場から〇〇〇〇所有の原動機付自転車一台、時価一万六〇〇〇円相当を窃取し、

第二、令和〇年〇月〇日午後〇時〇分頃、〇〇県〇〇市〇〇町ｘｘ番地所在の株式会社〇〇建設の資材置き場から同社社長〇〇〇〇管理に係るスパナ、金槌、ドライバーセット、ナイフほか三六点、時価三万七〇〇〇円相当を窃取し、

第三、令和〇年〇月〇日午前二時頃、〇〇県〇〇市〇〇ｘｘ番地所在の駐輪場から〇〇〇所有の自転車一台、時価五〇〇〇円相当を窃取しようと企て持参のドライバーで鍵を壊しているところを警察官に発見され、窃取を遂げなかったものである。

罪名及び罰条——窃盗、窃盗未遂、刑法第二三五条、同法第二四三条。

その後、裁判官から黙秘権の告知があった。被告人は静かに頷く。裁判官から「検察官の読み上げた事実に間違いないですか」と問われ、被告人は「間違いない」と言う。弁護人は「被告人と同意見です」と答えた。

事件は三カ月近く前のことである。深夜窃盗未遂の現場で警察官に検挙されたのだからその日のうちに逮捕されて、その後勾留、勾留延長となったのか。しかし起訴後一カ月で第一回公判が入ったと考えると、彼の拘束された期間はもっと長い。「そうか、事件が複数なので二度逮捕されたのか。盗みはやや悪質ではあるが、二〇歳成人後の初犯だ。この事件でこんなに長

く身体拘束されたとは、なんと不運な被告人だろうか。きっと社会内に引き受けてくれる人がいないのだろう」と私は調査官時代を思い出しながら、想像をたくましくした。

〔証拠調べ〕

検察官の冒頭陳述に移った。

被告人の身上経歴等——被告人は工業高校を卒業し、自動車部品工場に就職するが、一年余でやめ、以降定職につかず知人宅を転々とする生活を送った。両親とは疎遠である。少年時代、窃盗事件で保護観察処分になった。

犯行に至る経緯、犯行状況——被告人は、放浪生活のなか移動の手段として原動機付自転車を盗んだ。その原動機付自転車の調子が悪くなったことから修理のため、かねてからその付近によく行き内部を熟知していた建設会社の資材置き場に深夜侵入し、工具一式を盗んだ。ドライバー一本を被告人が所有したが、残りの工具を友人○○○に五○○○○円で売却した。○月○日午前二時頃、○○駅前自転車置き場で駐輪中の自転車の鍵を壊している被告人を警察官が発見し、職務質問をしたところ自転車を盗もうとしていたことを自供した。合わせてドライバーが盗品であり、建設会社資材置き場からの工具一式、及び原動機付自転車の窃盗が発覚し、通常逮捕した。

情状その他――（説明はなかった）

検察官申請の書証すべてに弁護人が同意し、証拠調べ手続きに移った。検察官が提出する証拠の要旨を説明した。「甲号証」二〇以上、「乙号証」一〇くらいが早口で説明された。内容を聴き取ることはほとんどできなかった。「甲号証」には捜査の端緒の報告書、被害届、現場見取り図、現場や被害品の写真など、「乙号証」には被告人の供述調書、身上照会書回答、家庭裁判所の処分歴照会結果などがあるのだろうと想像する。説明を終えた後、検察官は書証すべてを裁判官に提出する。弁護人提出の証拠はなく、「被告人質問を求めます」とだけ言う。

被告人質問に移り、弁護人が質問する。これによって被告人の生活背景が少しずつわかってくる。

中学生のとき、親との折り合いの悪さから家出し、児童相談所に保護され、児童養護施設に入所した。児童養護施設で生活を続け、中学校を卒業後、工業高校に進学し、卒業した。その後、自動車関係の修理工場に就職し、親元に戻った。しかし、親と円満な生活を続けることができず家出し、仕事をやめ、友人宅を泊まり歩く生活になった。

弁護人「この裁判の後、釈放されたら親元に戻りますか」
被告人「戻れません」
弁護人「それではどうするつもりですか」
被告人「保護観察所に行きます」
弁護人「更生緊急保護を申し出るんですね」
被告人「はい」
弁護人「その後どうしますか」
被告人「弁護士の先生から入れてくれる施設があると聞きました」
弁護人「○○市の更生保護施設○○荘という施設ですね」
被告人「はい」
弁護人「そこでどういう生活をしますか」
被告人「仕事を探します」

弁護人「どんな仕事をしたいと思いますか」

被告人「自動車関係の仕事をやったことがあるので、できると思います」

調査官時代の記憶が私の頭の中に次々と蘇ってきた。この被告人の起こした事件内容はいかにも一〇代の少年がやりそうなことである。そして、犯罪の背景も多くの非行少年と同じである。親に反発して、あるいは親から追い出されて友人宅を転々と放浪し、その生活維持のため盗みを繰り返す。そしてたいてい警察に検挙されるまで続ける。自分の力で家に戻ることも犯罪を止めることもできない。保護司の妻も身を乗り出して耳を傾けている。

検察官の質問に移った。最初に被害者に謝罪する気があるかどうかを質問する。被告人は「社会に戻ったら、工具を盗んだ会社に謝りに行きます」と答える。説得力はなかったが、検察官はそれ以上追及しなかった。もし、少年事件で調査官の私が面接していたら、「謝りに行きます」という言葉に対して、「いつ行くつもりか」、「誰かに付いて行ってもらうのか」、「行って被害者にどういう話をするのか」などとしつこく聞いたことだろう。その後も検察官とのやり取りが続いた。

検察官「更生保護施設に入って、どういう生活をするのか」
被告人「施設の先生の言うことをよく聞いて生活します」
検察官「気に入らないことがあると家出する。そんなことを今まで繰り返してきているようだが」
被告人「心を入れ替えます」
検察官「仕事も今まで続いていないようだが」
被告人「続けるよう頑張ります」
検察官「知り合い宅を転々とするような生活は本当にやめられるの」
被告人「はい、もう二度としません」

被告人質問は、弁護人、検察官を合わせて三〇分程で終わった。

〔論告・弁論〕

検察官の論告に移った。

事実関係――公訴事実は証拠によって証明されている。

情状関係――犯行は悪質である。被告人は家出し放浪生活を続ける中で原動機付自転車のエンジンを直結にして盗み、深夜建設現場に侵入して倉庫から工具一式を盗んだ上、それを知人に売却した。また自転車を盗もうとして鍵を壊しているところを検挙された。被告人は何ら抵抗なくこの種の事件を繰り返した。建設会社の資材置き場での窃盗は深夜侵入して敢行したものであり手慣れた手口である。被告人の身勝手な犯行動機に酌量の余地はない。平成○年、少年事件で保護観察処分を受け、成人による解除後数カ月しか経たない時期の事件である。被告人は逮捕されるまで約三カ月間放浪生活を送っており、今後も同様の生活となり再犯に及ぶ可能性は極めて高い。被害者に被害品がすでに還付されていること、身柄拘束が解けた後は更生保護施設への入所を希望していることなど有利な事情を最大限考慮しても、被告人には厳重な処罰が必要である。

以上の点から相当法条を適用の上、被告人を懲役一年に処することを相当と思料する。

弁護人の弁論に移った。

被告人質問で本人が述べたとおり、被告人は今回の事件を深く反省している。被害品はすべて持ち主に還付されている。また、工具を盗んだ会社に謝罪に行くと述べている。釈放後、保護観察所の援護により更生保護施設に入所する予定である。被告人は、同施設の職員の指示・助言に従い、求職活動を開始することを約束している。以上の点から、被告人には執行猶予判決を求める。

被告人の最終陳述があった。「もう二度と同じことはしません。早く仕事を見つけて、真面目に働きます」と述べた。裁判官が審理の終了を告げた。検察官、弁護人と判決の言い渡し期日の調整が行われた。

〔判決〕

二週間後、私たち夫婦は同じ法廷の傍聴席にいた。その日、私は休暇を取った。傍聴席には、この前の大学生の何人かも座っていた。

裁判官が入廷し、判決の言い渡しが始まった。

主文——被告人を懲役一年に処する。この裁判が確定してから五年間その刑の執行を猶予する。被告人をその猶予の期間中、保護観察に付する。

その後、裁判官は判決の理由を説明した。そして最後に次のような言葉を掛けた。

保護観察を付す決定にした。これからは保護観察官、保護司とよく相談し、生活の方針を決めなさい。執行猶予中に同じような事件があれば、次は必ず刑務所に行くことになる。そのことをしっかり頭に入れて生活してほしい。

裁判官は控訴の権利を告げ、法廷を出て行った。押送職員二人は手錠と腰縄を手に法廷を出て行った。傍聴していた学生たちも背伸びしながら席を立った。

*

傍聴席の一番前に座っていた初老の男性が柵越しに、弁護人に声を掛けた。

男性「先生、どうして私に知らせてくれなかったんですか。三年以上この子の面倒を見たんですよ」
弁護人「どちら様ですか」
男性「児童養護施設〇〇〇の施設長です。ある人からこの子の判決が今日あると聞いて、慌てて来たんです」
弁護人「そちらの施設でお世話になったことは知っていました。F君に施設に連絡しようかと訊くと、しないでくれと言ったものですから」
男性「それはないでしょう。親に頼れない子です。この子が手帳（療育手帳）を持っているの、知っているんですか」
弁護人「いや、聞いていません。本人が希望しないことは弁護士としてはできませんから」
男性「これからこの子はどうなるんですか」
弁護人「拘置所に荷物を取りに行って、それから保護観察所に行くことになるのかな」
男性「先生が連れて行ってくれるんですか」
弁護人「私はほかの仕事が入っています」
男性「本人がいいと言えば、私が車で拘置所と保護観察所に連れて行きますが」

弁護人「そうしてもらえれば、ありがたいです」

バツが悪そうな表情で法廷の長椅子に座ったままの被告人に向かって、男性は「おい、F、俺が付いて行ってやるよ」と声を掛けた。Fと呼ばれた若者は消え入りそうな声で何か答えている。弁護人は足早にその場を立ち去って行った。私は、これ以上この場にいないほうがいいと思い、妻を促して法廷を出た。妻は、もう少しどうなるかを見たかったのか不満そうな顔つきになったが、私に従った。

初犯の窃盗事件で執行猶予判決になるのは普通であるが、保護観察を付されることは珍しい。保護観察付執行猶予になると、次に懲役刑になるような再犯があれば裁判官は実刑判決しか選択できない。今回の判決は被告人にとって不利益な内容である。しかし、この裁判官はあえてこの若い被告人に保護観察を付す決定をしたのである。彼の周囲に助ける存在がないことを心配してのことだったろう。裁判官が判決言い渡し後の傍聴席の男性と弁護人のやり取りを聞いていたら、どう思っただろうか。弁護人に「もう少し何とかできなかったのか」と言いたくなったのではないだろうか。

裁判所の廊下で妻が「あの子の服、捕まったときのままじゃない」と言った。確かに季節外れのくすんだ色のセーターで、蒸し暑い時分に身に着けるようなものではない。また、頭髪はバサバサで一部が立ち上がっていた。スタイルが気になる若者にしては少々情けない姿であった。妻は「あの弁護士が悪いわ。本人が連絡しないでと言ったからといってそれを真に受けるなんて。親に捨てられた子よ」と怒っていた。

私にはこの弁護人がとりわけ不誠実であったとは思えなかった。保護観察所に連絡して緊急更生保護の調整をしたくらいだから、よくやったほうと言えるだろう。しかし、もしこの弁護人がFのことを児童養護施設に知らせていたとしたら、施設長や職員はきっと彼の受け皿を一生懸命探したに違いない。児童養護施設は親のない子の実家である。彼らの努力が実れば、被告人はこんなに長く身体拘束されなかったに違いない。

この被告人の誕生日がもう少し遅く一九歳であったとすれば、この裁判所の建物の中にある少年審判廷にもっと早い時期にいたはずである。逮捕、勾留の後少年鑑別所に入ったとしても、家庭裁判所送致後四週間以内に必ず審判が開かれる。審判までの間、家裁調査官は児童養護施設の施設長や職員に必ず面接する。本人を捨てた親にしつこく連絡を入れ、裁判所に来ないようなら会いに行く。審判廷には、本人の立ち直りに関係するすべての人が出席しただろう。家庭裁判所の審判結果も保護観察であったかもしれない。しかし、そこに至るプロセスは大きく違う。今後の保護観察の展開もまったく違ったものになるのではないだろうか。

彼は、人ではなく、まるでベルトコンベヤーに乗せられた荷物のように裁かれたという印象であった。突然現れた施設長が救いと言えば救いである。Fの将来に幸あれと私は願うだけであった。

ここで、私は少年司法が刑事司法より制度として優れたものであると言いたいわけではないし、実際そのようには思っていない。刑事司法において個人の内面に無用に立ち入らないという原則は非常に重要である。ただ、成人してまもなくの被告人の裁判を見た元調査官の私の気持ちはとても複雑である。もう少し少年司法と刑事司法の落差を埋める方法はないものかと考えるのである。

6 よくある刑事裁判の形

私が傍聴対象を、大きな事件を扱う裁判員裁判や合議体裁判ではなく、裁判官一人の単独体の法廷にしたことはすでに記した。このような裁判を最高裁判所の統計上の用語では「通常第一審」と呼ぶ。「通常第一審」とは、一般の人が「これが裁判だ」と考えるような刑事裁判である。そして、単独裁判官の裁判は、合議で扱う殺人、強盗致傷等のような重い事件でなく、窃盗、詐欺、傷害等の被告人を裁く。統計によると、「通常第一審」の裁判の九四・六パーセントが単独体である(『司法統計二〇二一』)。

つまり、先に紹介した五つの事例を含む私の傍聴記録のすべては、よくある典型的な刑事裁判だと言える。

ここで刑事裁判の判決に至るまでの進行を簡単に整理しておきたい。審理の流れは、

①冒頭手続き(人定質問、起訴状朗読、黙秘権告知、罪状認否)

←

②証拠調べ手続き(検察官の立証、弁護人の立証、被告人質問)

←

③検察官の論告と求刑

←

④弁護人の弁論

という形であり、たいてい一日で終了する。その所要時間は通常一時間弱である。審理の中のもっとも大きなイベントは証拠調べであるが、検察官請求のものすべてに弁護人が同意し、弁護人請求のものがあれば検察官がそれに同意して、各々の証拠書類が裁判官に提出されるだけで終わることが多い。証人調べをするのは地方裁判所の終局総人員の四九・六パーセントであり、証人調べのあったもののうち八一・八パーセントが証人一人である(『司法統計二〇二二』)。証人が一人もいない裁判が全体の約半数、証人一人が証言したという裁判が約四割という結果である。証人が一人もいない裁判は、被告人だけが証言台に立つ。前節までの傍聴記録の裁判すべてに証人調べはなかった。私の傍聴したのがよくある刑事裁判であることがわかる。

第二回期日は二週間くらい先である。そこでは裁判官は、被告人が本人であることを確認すると、すぐに判決の言い渡しを始める。「懲役〇年に処する」という主文とそのような決定をした理由を説明し、その後被告人に対する説諭を行い、抗告する権利があることを告げる。所要時間はおおむね一〇分である。

⑤ 被告人の最終意見陳述

←

裁判が、犯した罪の程度に合わせて被告人を拘禁する期間を決めるだけの場であると割り切るなら、こういう形の審理で何の問題もない。しかし、その結果、刑事施設に入り、決められた期間そこで過ごし、そして再び社会に戻る主体は、生身の人間である。そう考えると刑事裁判はすごく冷たいシステムである。裁判の過程は恥を晒された、辱められたという感覚を被告人に植え付けるだけのように感じる。被告人はベルトコンベヤーで運ばれる荷物のようにも見えるが、いや実際は被告人の心の中には言葉にできない思いが溢れているはずで、刑事司法手続きの「川」で溺れているのである。

更生とは、裁判の結果送り込まれる刑事施設で自分を見つめ直し人間性を回復することだ、という言説はフィクションである。人の立ち直りは自分自身を大切にしたいと思うことが出発点である。刑事司法手続きの中に、人を大切にする気持ちを育む機能は内包されていない。

岡山地方裁判所の一つの法廷で裁判傍聴をしているとき、いつも同時に全国でどれくらいの数の裁判が行われているのだろうかと考える。「通常第一審」事件の裁判を行う場は、全国に地方裁判所本庁五〇、その支部二〇三、そして四三八の簡易裁判所がある。『司法統計二〇二一』によると、全国の「通常第一審事件」の終局総人数は地方裁判所が四万六七三五人、簡易裁判所が三二九一人であった。私の岡山地方裁判所傍聴記録の四人はこの数字の中にある。きっと私が見聞きした審理と同じようなことが無数の裁判所で行われているに違いない。刑事裁判は国家の営みであり、検察官や裁判官の仕事のスタイルがどこも似通っているのはやむを得ないことであろう。しかし、かろうじて弁護人は法廷に個性を創り出す可能性のある存在であるはずだ……。私は、どんな小さな、ありふれた罪の被告人の裁判であっても、力いっぱい気概を持って取り組む弁護人に出会いたいと思い、今日も傍聴に出かけている。

第二章　司法と「罪を犯した人」
――刑事司法手続きの全体像

1　刑事司法手続きという「川」

法廷傍聴を始めた当初私は、「刑事司法手続き＝ベルトコンベヤー」だと感じた。しかし、傍聴を重ねるうちに、被告人はベルトコンベヤーの上に黙って乗せられる荷物ではなく、さまざまな感情が心に渦巻く人間であるということに思い至った。

そのような思いで改めて眺めてみると、刑事司法手続きは「川」であり、被告人は刑事司法手続きという「川」で溺れているというイメージが頭に浮かんだ。

本章では、この「川」の姿を描いてみる。「川」というからには、源流があり、上流があり、中流があり、下流があり、最後は海に注ぐ。また本流があり、本流に注ぎ込む支流があり、本流から枝分かれする分流というものもある。

刑事司法手続きの本流と分流

私は、刑事司法手続きという「川」の本流を次のように考えている。

Ⅰ　検挙（逮捕↓送検↓勾留）
←
Ⅱ　起訴（公判請求）・刑事裁判（実刑判決）
←
Ⅲ　刑事施設入所（受刑）

それに合わせて、それぞれの段階で対象となる人は、次のように名前を変えていく。

Ⅰ　被疑者
←
Ⅱ　被告人
←
Ⅲ　受刑者

しかし、この本流には何本かの分流がある。被疑者であった人が被告人にならなかった、被告人であった人が受刑者にならなかったということは非常に多い。彼らは本流から途中で分流に流されたと考えることができる。この「川」の本流と分流の全容を明らかにする作業は、すなわち刑事司法手続きをわかりやすく解説するということに他ならない。私は正直なところ不安を感じている。私は刑事政策の専門家ではない。

私がこれから始める説明はいささか素人っぽく見えるのではないかと思う。だが、何の根拠もなく自説を唱えているわけでもない。私が刑事司法の分流と考え、現在普通に行われている起訴猶予・執行猶予の制度は、刑事政策の近代化の中で創り出された。日本では、一九〇五年に「刑ノ執行猶予ニ関スル法律」により執行猶予が、一九二二年の旧刑事訴訟法により起訴猶予が誕生した。このような新しい部分を取り除いた刑事司法の原初の姿はどういうものだったのであろうか。それは、罪を犯して社会に脅威を与えた奴を捕らえ、悪人という烙印を押し、その上で殺すか、痛い目にあわせるか、離れ島などとんでもない遠方に追いやるか、鍵を掛けた部屋に閉じ込めるかであった。この刑事司法のコアとなる性格は今も何ら変わらない。近代社会において人権思想が芽生え、刑事政策上さまざまな工夫が重ねられてきた。しかし、新制度はそのような理想主義的な考えのみによって誕生したわけではないことも見ておく必要があるだろう。罪を犯したと思われる人をことごとく裁判にかけ施設に閉じ込めることはハイコストであり、安価な制度が求められたという側面もある。現在の日本には体罰や島流しはないが、死刑は存在する。死刑は社会からの完全な抹殺である。代表的な刑罰は懲役刑・禁錮刑（二〇二二年刑法改正で拘禁刑に一本化され、二〇二五年六月に施行される）であるが、この刑罰の本質は人の移動の自由の制限であり、それによって苦痛を感じさせるということである。これを国家の責任で行う。考えてみれば、極めてシンプルな組織的応報である。

このように考えると、刑事司法手続きの本流が冒頭に掲げた「検挙→起訴・刑事裁判→刑事施設入所」であるという私の考えに納得してもらえるのではなかろうか。これから展開する刑事司法手続きの「川」の本流と分流の話には、数字を多く用いる。この数字は原則として次の公的統計に基づく二〇二〇年一年間のものである（末尾のカッコ内は略称）。

- 警察庁編『令和二年の犯罪』（『警察統計二〇二〇』）
- 法務省大臣官房司法法制部司法法制課編『検察統計年報』二〇二〇年（『検察統計二〇二〇』）
- 最高裁判所事務総局編『司法統計年報2　刑事編』令和二年度（『司法統計二〇二〇』）
- 法務省大臣官房司法法制部司法法制課編『矯正統計年報』二〇二〇年（『矯正統計二〇二〇』）

・法務省大臣官房司法法制部司法法制課編『保護統計年報（保護観察所）』二〇二〇年（『保護統計二〇二〇』）

2 被疑者――一年間に六〇〇万人を超える「罪を犯す人」

検挙されるということ

刑事司法手続きは検挙から始まる。検挙とは、刑罰の定められた法律を犯した疑いのある人を警察等が取調べ、犯人を特定することである。刑罰が定められた法律の典型は刑法であり、刑法を犯した人を刑法犯と呼ぶ。そのほか刑罰を定めた法律は二〇〇以上あり、刑法でない法律を犯した人を特別法犯と呼ぶ。捜査機関は刑罰法令を犯した疑いがあると認知した事件について、それをこの人が行ったと判断するために組織を挙げてその事実を証明する物や情報を収集する。

刑罰法令を犯すという言葉は仰々しいが、少し考えるとそのような行為は少しも珍しくないことがわかる。実は毎日、日本のどこかで、あるいは日本人が世界のどこかで夥しい数の犯罪を行っている。一例を挙げてみよう。公共の道路には最高制限速度が定められているが、自動車を運転する人が短い距離を走行したとして、その間一瞬たりとも制限速度を超過しなかったということがあるだろうか。特別法の一つである道路交通法に次の条文がある。

第二二条　車両は、道路標識等によりその最高速度が指定されている道路においてはその最高速度を、その他の道路においては政令で定める最高速度をこえる速度で進行してはならない。

第一一八条　次の各号のいずれかに該当する者は、六月以下の懲役又は一〇万円以下の罰金に処する。

一　第二二条（最高速度）の規定の違反となるような行為をした者

走行する道路に定められた最高速度の超過は立派な犯罪である。だが、この違反で検挙されるのはごく一部の人である。遠い将来すべての道路に完璧な電子監視システムが導入されると、違反者すべてを検挙できるかもしれないが、現状では警察のマンパワーから来る検挙の限界がある。ただ、それでも、その数は一年間に一〇〇万人を超えるのだ。この人たち全員を「罪を

表2-1　警察の検挙数(件・人)

罪の種類	検挙件数	検挙人員
刑法犯(交通業過を除く)	279,185	182,582
特別法犯(道路交通法等を除く)	72,913	61,345
交通事故事件	300,689	308,563
道路交通法等違反	5,788,681	―

出典:『警察統計2020』(1・58・87・89)から筆者が作成

犯した人」と呼ぶなら、日本全国に溢れていることになる。

このような交通違反者を含め、一年間に警察に検挙される人の数は日本中でどれくらいになるのだろうか。二〇二〇年一年間の数は表2-1のとおりである。この統計では、道路交通法等違反を除き検挙件数と検挙人員は数字が異なる。これは、検挙された一人が複数の事件に関わっている場合と、一つの事件に複数の人が関わっている場合の両方があるからである。犯罪統計は、罪の数を数えるか人の数を数えるかの二重構造になっている。罪を警察から検察に、検察から裁判所に送るときは罪の数が問題になるが、裁判を行う、刑罰に処するという観点では人の数が問題になる。そのため、犯罪に関する警察・検察・司法・矯正・更生保護の統計は非常に複雑なものとなってくる。

さらに問題がある。『警察統計』に表れた検挙者数が日本の二〇二〇年一年間の検挙者すべてかと問われると、実はそうではないのだ。犯罪者を検挙する組織は警察だけではない。警察官は一般司法警察員と言われる。一方、数は少ないが、特別司法警察員という、警察と同じように検挙し起訴する権限を有する存在もある。労働基準監督署や厚生労働省地方厚生局麻薬取締部等に所属する職員である。また、検察庁が認知する、あるいは被害者の告訴等により検察庁が直接受理する犯罪もある。日本で一年間に犯罪の疑いで検挙された人を正確に数え上げるには、その数を加える必要がある。その数は『検察統計二〇二〇』によると、特別司法警察員から送検された人が七五一九人、検察官により認知・直受された人が五三二八人である。

以上すべてを加算すると六三五万四〇一八人になる。一応、この数が二〇二〇年一年間の「罪を犯した人」の数と推測できる。これは日本の人口の五パーセントである。実際は捜査機関が捜査を開始したが、諸事情から刑事司法手続きに載せられなかったというグレー層は限りなく大きなものである。一年間の罪を犯した人の正確な総数などは存在しないと言った方が良いだろう。

ただ、そう言ってしまうと私が目的とする「川」の全容の説明ができないので、ここでは六三五万四〇一八人という数字を総数と考えることにしよう。その全検挙者を見ると、道路交通法違反と交通事故事件の合計が九五・九パーセントを占めることがわかる。警察検挙の刑法犯が二・八パーセント、特別法犯は〇・九パーセントに過ぎない。罪を犯す行為で検挙される人のほとんどは自動車運転がらみであることがわかる。

再度繰り返すが、検挙され刑事司法手続きの「川」の本流を流されるのは、社会に満ち溢れる法律違反のごく一部である。この冷静な認識は非常に重要である。犯罪のない世界があるはずはなく、また私たち全員が「潜在被疑者」であることを自覚しておかなければならない。そう考えると、たまたま検挙された人が刑事司法手続きによって何らかの制裁を受けることに大きな意味があることに気付く。その存在によって、罪を犯していながら運よく捕まらなかった多くの人たちが法を意識するのである。刑事政策の世界では、これを「一般予防」と呼ぶ。

捜査段階での本流

被疑者として捜査の対象となった人がたどる捜査段階の本流は「検挙(逮捕→送検→勾留)」である。この流れは強制捜査という本来は例外的な方法に拠るものである。捜査は、原則任意で行われなければならない。任意捜査ならば、その間、被疑者は普通の人と同じように自分の家で生活し、通勤も通学もできる。捜査機関から呼び出されたとき、そこに出向けばよいだけである。だが、本流にある人は、例外である強制捜査の対象となり、逮捕によって警察署内に留め置かれ、移動の自由を完全に制限される。

逮捕による身体拘束の効力は四八時間(丸二日間)である。この時間だけで釈放される人もいる。この場合は、勤め人であっても学生であっても所属組織に知られないままで済むことになるかもしれない。

しかし、本流にある人は「身柄付」で送検される(移動の自由を制限した状態で送検すること。「身柄」という言葉は刑事司法の現場では使われるが、適当とは思えない)。この場合、被疑者は、警察官作成の犯罪に関わる書類といっしょに手錠・腰縄のいでたちで警察官に検察庁まで連れて行かれる。

そして、検察官が引き続き被疑者の身体拘束を続ける必要があると判断すれば、二四時間以内に裁判官に勾留請求を行う。その請求があれば、裁判官は必ず被疑者と面接して、氏名・生年月日・本籍・住所・職業を確認し、黙秘権を告知した上で、被疑事実を知らせて弁解を訊き、弁護人選任権があることを告げ、勾留するか釈放するかを決定する。

勾留期間は一〇日間であり、通常の事件ではさらに一〇日間の限度で延長が可能である。勾留決定後、ほとんどの被疑者は警察署内の留置施設に戻され、そこでの生活を続ける。留置施設に家族や知人が会いに行くことはできるが、面会時間は短く、面会場所は被疑者の座る場所と面会者の座る場所がアクリル板で区切られた部屋になる。面会者が弁護士でなければ警察官が同席する。事件捜査の妨げになるとして、裁判所が接見禁止の命令を発することもある。そ

表2-2　検察庁の新受人数（通常受理）（人）

刑法犯（交通業過を除く）	195,092
特別法犯（道路交通法等を除く）	88,337
自動車による過失致死傷等事件	301,092
道路交通法等違反	219,231

出典：『検察統計 2020』（7・9・10）から筆者が作成

の場合、被疑者と面会できるのは弁護士だけになる。

勾留決定後は、被疑者が、検挙されたことを自分の所属先に知らせないままにしておくことは難しいだろう。被疑者の社会生活上、大きな変化が起きることは必至である。

どんな人が勾留されるのだろうか。刑事訴訟法には、その必要要件として住所不定、罪証隠滅のおそれ、逃亡の疑いがあることなどが規定されている（同法第六〇条）。しかし結局のところ、重大な罪を犯した人、前科・前歴のある人、そして社会内に助けてくれる存在のない人がその対象となっている。

送検等により検察庁に辿り着いた人の数（新受人員）は八〇万三七五二人である。その内訳は表2-2のとおりである。同年に検察庁で終局した人の数（既済人員）は八〇万七四八〇人である。犯罪統計は手続きの流れのある時点を数えたものであり、受理時と終局時の数は当然違う。また、警察と検察の数字も異なる。既済人員の統計で、警察から身柄付で送検された数字を見ると、交通関係事件を除いた逮捕者二八万一三四三人中、九万七六八三人（三四・七パーセント）、うち勾留が許可された者が八万七八一〇人（三一・二パーセント）である。交通関係事件では在宅のままの送検がほとんどである。

第一の分流 ――交通反則通告制度

「検挙されるということ」で述べたとおり、犯罪の中で群を抜いて数が多いのは道路交通法違反である。あまりに数が多いことから、相当数の交通違反を刑事司法手続きから完全に外す制度が作られている。交通反則通告制度といい、時速三〇キロ未満超過の最高速度違反、一時停止違反、駐車違反など軽微なものについて、道路交通法第一二五条以下を適用する特別の処理方法である。一般的に「青キップ」と呼ばれているものだ。この手続きは刑事司法でなく行政手続きであると理解されており、支払いを求められる反則金は罰金ではないので、前科にもならない。この対象となる人を反則者と呼ぶ。これによって一般的な犯罪で検挙される被疑者とは異なる存在として位置づけているのである。

この手続きでは、違反者は警察官から「交通反則告知書（青キップ）」と「反則金仮納付書」を交付され、通知書に記載してある日までに反則金を納付すると、すべての手続きが終了する。「青キップ」の人は、本人はもちろん周囲の人もその行為を犯罪と考えず、皆がやっていることなのに運悪く自分だけが捕まったと考えている。厳密に言うと罪を犯したという点では逮捕される手錠・腰縄姿の人と同じなのであるが、本人は彼らとまったく違うと認識している。この制度は違反者を犯罪者にしない制度なのである。

しかし、同じ最高速度違反でも一般道で三〇キロ以上超過になると反則行為でなく、犯罪になる。また、反則金を支払わない場合は裁判で罰金刑を科される。

道路交通法違反総数五七五万一七九八人のうち、交通反則通告制度で処理されたのは、二〇二〇年一年間に五五六万一三三五人に上る。

第二の分流——微罪処分

微罪処分とは、警察が被疑者を取調べた後、送検せずに手続きを終結させる制度である。この処分にするか否かの判断は各地方検察庁の検事正が決めた基準による。おおむね窃盗・横領・詐欺・暴行等の事件で被害が小さく、被害の回復がなされ、被疑者本人がよく反省し、その監督者も存在するなど好ましい事情があるときに限られている。この手続きは、警察官が被疑者を訓戒し、今後について警告することで終了する。

微罪処分で処理された刑法犯・特別法犯は、二〇二〇年一年間に五万二〇三九人である。これは警察が検挙したが送検しなかった数になる。

第三の分流――少年保護手続き

年齢が一四歳になると、刑法により責任能力があるとされ、捜査の対象となる。ちなみに一四歳未満は責任能力がないとされ、捜査ではなく補導の対象である。

二〇歳未満の少年（一八、一九歳の「特定少年」を含む）は、被疑事実に関する捜査が終わって嫌疑があると判断されれば、法に定める刑罰が「懲役・禁錮刑以上の犯罪」については検察官が、「罰金以下の犯罪」については警察官が、そのすべてを家庭裁判所に送致する（二〇二二年四月施行の改正少年法により、一八歳以上の少年については全犯罪が送検の上、家庭裁判所に送致されることになった）。それは少年法の規定によるもので、警察官や検察官の裁量は一切認められていない。これは非常に固い縛りである。ただ、少年にも交通反則通告制度は適用される。

家庭裁判所が受理する少年事件には、検察官による送致だけでなく、児童相談所の送致・通告、保護観察所の通告、一般人の通告、さらに家庭裁判所内の調査官の報告によるものもある。また、検察官や警察官が取調べた少年に犯罪の嫌疑がなくても少年法に規定される虞犯《ぐはん》に当たると考えたときには家庭裁判所に送致することもある（二〇二二年四月施行の改正少年法により、一八歳以上の少年が虞犯事由によって家庭裁判所の審判に付されることはなくなった）。

家庭裁判所が審判対象とするのは犯罪少年・触法少年・虞犯少年の三種類であるが、犯罪少年が九九パーセントを占める。

家庭裁判所は少年に対し、刑事司法手続きに代わる保護手続きを行う。少年保護手続きは少年法第一条の健全育成の目的に沿うものでなければならない。家庭裁判所の審判では、犯罪少年については捜査機関の送致した犯罪事実に加え、少年の要保護性が対象となる。要保護性は調査官の社会調査と少年鑑別所の心身鑑別などによって明らかにされる。

犯罪少年に対して家庭裁判所が検察官送致決定を行い、その後成人と同様の刑事司法手続きが行われることがある。罪を犯した少年全員は少年法により少年保護手続きという分流に流されるが、家庭裁判所の判断により再び本流に戻されるというイメージである。

二〇二〇年一年間で、検察庁が家庭裁判所に送致した人数は、四万三〇一五人である。

第四の分流──起訴猶予

検察官は、捜査の結果被疑者が犯人でないことが判明した場合、あるいは怪しいが十分な証拠が得られなかった場合、不起訴処分にする。加えて、捜査機関が収集した証拠により有罪を十分に証明できるときでも、諸般の事情により起訴を見送ることができる。これを起訴猶予と呼ぶ。諸般の事情とは前歴・前科の状況、被害回復の状況、被害者の意向、本人の反省の度合いなどである。有罪にできることを確証しながら裁判に持ち込まないこの制度を「起訴便宜主義」と呼ぶ。検察官のこの裁量権は非常に大きいものであり、これが検察官を刑事司法の最大の権力者にしている。

刑罰は裁判所が決めるが、検察官の起訴がなければそもそも裁判が開かれないのである。しかも、検察官は不起訴にした理由を説明する必要がない。起訴猶予が認められないのは前項で述べたように少年のみである。

検察官の恣意的な処分をチェックするため、検察審査会という制度が設けられている。検察審査会事務局は裁判所構内にあり、一般市民から無作為に選ばれた人が検察官による処分を審議して起訴相当・不起訴不当・不起訴相当のいずれであるかを議決する。

二〇二〇年一年間に検察庁が行った不起訴処分は五一万一〇二一人、うち起訴猶予が四四万八〇七二人である。

第五の分流（その1）――略式起訴

検察官が被疑者に罰金刑を求める場合、略式起訴（略式命令請求）する制度がある。この手続きは、簡易裁判所の管轄に属する一〇〇万円以下の罰金または科料に相当する事件について、被疑者本人がこの手続きに同意している場合のみに行われる。略式起訴の数が多いのは交通関係事件である。前科がないか少ない被告人による軽微な傷害・窃盗等の事件で検察官が罰金刑を求めるとき、この手続きによることがある。しかし、軽微事案でも被告人が公訴事実を否認して争うとき、検察官は公判を請求する。

二〇二〇年一年間に検察庁が行った略式起訴は一七万三九六一人である。

3　被告人——司法に裁かれる

被告人になるということ

被疑者が検察官によって起訴されると被告人となり、裁判所による裁判が進行する。日本国憲法第三七条には、刑事裁判における被告人の権利が次のとおり規定されている。

第三七条　すべて刑事事件においては、被告人は、公平な裁判所の迅速な公開裁判を受ける権利を有する。

②刑事被告人は、すべての証人に対して審問する機会を充分に与へられ、又、公費で自己のために強制的手続により証人を求める権利を有する。

③刑事被告人は、いかなる場合にも、資格を有する弁護人を依頼することができる。被告人が自らこれを依頼することができないときは、国でこれを附する。

刑事裁判での検察官の主張、証拠提示などは非常に専門的であり、裁判所に提出される膨大な資料は検察、警察の組織を挙げた捜査の結果である。検察官と被告人は法廷においてお互い当事者として主張し合うことができるとは言っても、法律の素人である被告人が検察官に対抗することは不可能である。その弱い立場の被告人を支えるのが弁護人である。被告人に弁護人選任の資力がない場合は国の費用によって弁護人を付するが、これは憲法の要請である。マスコミを騒がせるような大事件が起きると、税金で弁護士を雇って加害者の人権を守るのはいかがなものかという煽情的な意見を耳にするが、これはまったく間違った見解である。弁護人不在の裁判があってはならないというのが大原則である。

また、刑事訴訟法に次の規定がある。

第三三六条　被告事件が罪とならないとき、又は被告事件について犯罪の証明がないときは、判決で無罪の言渡をしなければならない。

この規定から、犯罪の証明がない限り被告人は無罪の推定を受ける存在であると考えられている。犯罪の立証責任は全面的に検察官が負う。裁判所は「疑わしきは被告人の利益に」を基本にした判決を行う。

公判段階での本流

公判段階での本流は「起訴（公判請求）→刑事裁判（実刑判決）」である。移動の自由を制限されたまま被告人として裁判所に出廷し、審理が進められ、判決で懲役・禁錮の実刑が言い渡され、それが確定するということである。

この段階では、被告人は通常、国が管理する拘置所にいる。公判請求後、例外的な事情がない限り、警察署留置施設からここに移される。都市部には拘置所専用施設があるが、多くは刑務所内の拘置支所である。

刑務所と拘置所とでは処遇が違い、拘置所は刑務所に比べて生活上の制限は小さいと言われる。しかし、刑務所のように作業を課されず自由時間ばかりであることはかえって苦痛かもしれない。面会者が常時あり、金や品物、本などを差し入れてくれるなら、気持ちが少しは和らぐだろうが、面会も差し入れもまったくない人は孤独で不自由な時間が続く。裁判所に出廷する際どんな服装にするかを気遣ってくれる存在がいたらよいが、そういう存在がなければ、逮捕されたときのままか拘置所にある物を着るしかない。

起訴後の勾留期間は原則二カ月である。特に継続の理由がある場合は一カ月ごとに更新される。ただし、重大な事件(死刑、無期、短期一年以上の懲役・禁錮に当たる罪)を起こした人、常習の人、罪証隠滅のおそれのある人、氏名または住居が不明の人を除き、更新は一回までに制限されている(刑事訴訟法第六〇条第二項)。

長期間の勾留は被告人にとって負担が重いことから、保釈という制度が設けられている。起訴後、裁判所の決定で一時的に身体拘束を解いてもらい、自宅に戻るか、自宅以外の場所に身を寄せるかが認められる制度である。被告人・弁護人等から保釈の請求があると、裁判所はその妥当性を検討し、保釈を認めるときには保証金額を決定する。この保釈保証金が納入された後、被告人は拘置所を出ることを許される。保釈中、裁判所の決定によって住む場所を制限されることもある。法はなるべく保釈を認めたほうが良いという方向で規定されており、重大な事件(死刑、無期、短期一年以上の懲役・禁錮に当たる罪)を起こした人、以前の重大事件(死刑、無期、長期一〇年を超える懲役・禁錮に当たる罪)で有罪判決を受けた人、常習の人、罪証隠滅のおそれのある人、被害者等に害を加えるおそれのある人、氏名または住居が不明の人を除いて認めなければならないとされている(刑事訴訟法第八九条)。

保釈保証金は「犯罪の性質及び情状、証拠の証明力並びに被告人の性格及び資産を考慮して、被告人の出頭を保証するに足りる相当な金額」(刑事訴訟法第九三条第二項)と規定されるが、私の知る限り結構高額である。もちろん保釈金は判決後戻って来るが、一定の資産のある人でないと支払うのは困難である。当面納付する財力のない人のために、保釈金を一時的に立て替える日本保釈支援協会という団体も存在する。

せっかく保釈になっても、裁判所への召喚を拒む、所在不明になるというような事情があると、取り消されて収監され、保釈金の全部または一部を没取される。また、公訴事実を否認している被告人には保釈が認められないことが多く、この運用が「人質司法」であると批判の的になっている。

公判請求された被告人の勾留と保釈の状況は表2-3のとおりである。

表 2-3　通常第一審事件の勾留・保釈の状況(人)

		地方裁判所	簡易裁判所
終局総人員		47,117	3,901
勾留された人数		35,173(74.6%)	2,595(66.5%)
(期間)	2 月以内	18,027 (勾留者の 51.2%) (総人員の 38.2%)	1,715 (勾留者の 66.0%) (総人員の 43.9%)
	3 月以内累積	26,136 (勾留者の 74.3%) (総人員の 55.4%)	2,360 (勾留者の 90.9%) (総人員の 60.4%)
	それ以上	9,037	235
勾留を解除された人数		21,704	1,753
(理由)	保釈	10,914 (解除者の 50.2%)	461 (解除者の 26.2%)
	その他	10,790	1,292

出典:『司法統計 2020』(32)から筆者が作成

裁判所で第一回公判が開かれるのは、起訴後おおむね一カ月程度である。『検察統計二〇二〇』によると、検察庁が公判請求した人数は七万九四八三人である。この数と『司法統計二〇二〇』の地方裁判所・簡易裁判所終局総人員五万一〇一八人とはその差が非常に大きい。これは一人の被告人について何度も起訴することがあるという事情によるものである(『司法統計二〇二〇』で「同一被告人に関する事件の併合」が地方裁判所で一万八四四四人、簡易裁判所で七七五人計上されていることから明らかである)。

表2-3から、勾留された人の数が地方裁判所「通常第一審」の終局人数の四

分の三を占めていることがわかる。第一章の傍聴記録の五人の被告人全員が拘置所から裁判所に手錠・腰縄姿で連れて来られていたが、そのような裁判が多いということである。そして、その全員は保釈されることなく、判決を迎えた。被告人に対して実刑が言い渡されると、手錠・腰縄姿で再び拘置所に戻って行く。保釈になった人も実刑判決後は再び身柄拘束の状態に戻る。無罪・罰金・執行猶予の判決があると、拘束されていた被告人はその法廷で釈放となる。

地方裁判所や簡易裁判所の第一審は最終決定ではない。被告人・弁護人、あるいは検察官が控訴して高等裁判所で再度裁判が行われることがある。さらに高等裁判所の判決後、最高裁判所に判断を求める場合もある。

被告人の有罪・無罪、有罪になった人の刑罰の判決確定の状況を表したのが表2-4である。「起訴(公判請求)・刑事裁判(実刑判決)」が刑事司法手続きの本流であるとするなら、二〇二〇年一年間に本流を流された人、すなわち裁判所で実刑判決を受け確定した人の数は一万五八三七人である。しかし、本流の趣旨を考えると死刑、刑の一部執行猶予(一度は刑務所に入るので)を加えたほうが適当であり、その数は一万七一三七人になる。

被告人にとっては、起訴後第一審の判決があるまでの期間は、その後の自らの進路を保留しておかざるを得ない、社会内ですぐに解決しておきたい問題に対処できないなど緊張を強いられる嫌な時間である。在宅生活の人でもいつも心に引っかかりがある状態に違いない。それが拘置所に入所ということになれば、移動の自由が完全に奪われたまま時間が過ぎる極めて苦しい状態に置かれ、刑罰がいまだ言い渡されていない身の上でありながら、事実上処罰されているような形である。したがって、この期間がどれくらいになるかは被告人の最重要事項である。二〇二〇年の刑事裁判の審理期間は、最高裁判所事務総局編『裁判所データブック二〇二一』によると表2-5のとおりである。なお、刑事裁判の平均審理期間と開廷数は地方裁判所が三・

表2-4　判決の確定した人の裁判の結果(人)

総数		221,057
死刑		2
懲役	無期	19
	有期・実刑	15,771
	刑の一部執行猶予	1,298
	刑の全部執行猶予	27,163
禁錮	無期	0
	有期・実刑	47
	刑の全部執行猶予	2,691
罰金	実刑	172,322
	執行猶予	4
拘留		5
科料		1,366
無罪		76
公訴棄却		292
その他		1

第一審だけでなく控訴審，上告審の判決確定を含む
出典：『検察統計 2020』(63)から筆者が作成

表 2-5　2020 年の審理期間

	地方裁判所		簡易裁判所	
	累積人数	累積比率（%）	累積人数	累積比率（%）
終局総人員	47,117	―	3,901	―
2 月以内	16,086	34.1	1,957	50.1
3 月以内	31,457	66.7	3,220	82.5
6 月以内	41,852	88.8	3,774	96.7
1 年以内	45,833	97.2	3,873	99.2
それ以上	47,117	100.0	3,901	100.0

出典：『裁判所データブック 2021』から筆者が作成

六月、二・六回、簡易裁判所が二・五月、二・二回である（『裁判所データブック二〇二一』）。

表2-3によると、通常第一審の終局総人員に占める勾留者の比率は、原則である二カ月以内が地方裁判所で三八・二パーセント、簡易裁判所で四三・九パーセント、一度だけ更新の三カ月以内が地方裁判所で五五・四パーセント、簡易裁判所で六〇・四パーセントである。実刑となった被告人は、未決勾留期間の若干の日数を刑期に算入する判決を言い渡される。しかし、刑事司法の担い手は裁判が行われる時間が事実上の刑罰になっていることを自覚する必要があるだろう。

第五の分流（その2）——略式裁判

略式起訴された事件では公判は実施されない。起訴後、簡易裁判所の裁判官が審理し、罰金刑を決定する。裁判が終結し、被告人が決定に異議を唱えず、決められた期日までに罰金が支払われると、手続きすべてが終了する。法廷の証言台に立つことなく裁判が終わるので被告人の心理的負担は非常に軽いが、罰金刑は前科となる。

検察官が略式起訴した人数は既述したとおり『検察統計二〇二〇』では一七万三九六一人であるが、『司法統計二〇二〇』の略式事件の新受人員は一七万一八四〇人である。事件は時間を追って検察から裁判所に流れて行くので、両者の数字は当然異なる。

第六の分流 ── 執行猶予

裁判所は、懲役、禁錮、罰金の刑を言い渡しても、同時にその執行を一定期間猶予する決定をすることができる。いわゆる執行猶予判決である。例えば、窃盗事件は刑法で「一〇年以下の懲役又は五〇万円以下の罰金」(同法第二三五条)と定められており、法を遵守するなら裁判官は「懲役二年に処する」、「罰金三〇万円に処する」などと言い渡さなければならない。執行猶予制度は、裁判所に、懲役刑・禁錮刑等を決定してもその刑罰を一定期間執行しないことを宣言する権限を付与したものである。

ただし、どのような刑罰でも執行を猶予することが可能なわけではない。言い渡す刑罰が「三年以下の懲役・禁錮、五〇万円以下の罰金」の場合で、さらに「公判になった事件の前に禁錮以上の刑に処せられたことがない」、あるいはそれがあっても「その刑の執行が終わって五年以内に再び禁錮以上の刑に処せられていない」被告人のみが対象となる。執行猶予の期間は「一年以上五年以下」であり、裁判官が判決主文でその期間を被告人に言い渡す。一例を挙げるならば、「主文――被告人を懲役一年六月に処する。この裁判確定の日から五年間刑の執行を猶予する」というような判決である。

判決で言い渡された期間内に再犯があり、その罪で禁錮以上の実刑になると、執行猶予は取り消されその刑に服さなければならない。再犯の罪で罰金刑になったときは、検察官の請求により裁判所が取り消すかどうかを決定する。執行猶予中の再犯であっても、その罪で「一年以下の懲役・禁錮刑」になれば、裁判官は再度執行猶予とすることもできる（二〇二二年刑法改正で二年以下に改正され、二〇二五年六月に施行される）。ただし、そのときは必ず保護観察に付する決定を行う。

保護観察付執行猶予になった人は、保護観察所が監督と支援（専門用語では指導監督と補導援護という）を行う。監督とは、社会の中での生活に一定の枠組みを設け、それが守られているか監視することである。もっともこの枠組みは、観察を行う保護観察官や保護司（法務大臣から委嘱を受けた一般人で無報酬）との接触を保つことのほか、定めた住所で生活すること、転居や一定期間以上の旅行は保護観察所の許可を得ることなど緩やかなものである。だが、その枠組みが破られると、不良措置として保護観察所の申出により検察官が裁判所に執行猶予の取り消しを求めることがある。この保護観察を「四号観察」（更生保護法第四八条）と呼ぶ。

執行猶予は被告人にとって非常にありがたい制度である。犯した罪の評価として懲役・禁錮の刑が決定しても、猶予された期間を社会内で再犯せずに過ごせば、刑事施設に入らなくて済む。そう難しいことではないように思える。しかし、私が傍聴した裁判には、執行猶予中に再び罪を犯した人は多かった。せっかく最後の六本目の分流に移されたのに、再び本流に戻ってしまう人は結構いるのである。

全部執行猶予の判決が二〇二〇年に確定した被告人は、表2-4から二万九八五四人である。懲役刑の六一・三パーセント、禁錮刑の九八・二パーセントが全部執行猶予である。罰金刑の執行猶予はごくわずかである。

ここで、二〇一六年六月に施行された一部執行猶予制度の話をしておこう。その判決文の一例を挙げれば「被告人を懲役二年に処する。その刑の一部である懲役四月の執行を二年間猶予し、その猶予の期間中被告人を保護観察に付する」である。これは刑務所処遇と社会内処遇の連携を図って再犯防止の効果を上げることを目的に構想された制度である。薬物事件の被告人に多く活用されているようである。一部執行猶予制度では、その判決によってまずは刑事施設に入ることになるので、私の考える構図では「川」の本流になる。

4 受刑者──難しい出所後の見通し

受刑者になるということ

受刑者とは、刑事司法という「川」の本流を流されて海にまで行き着いた人であると私は考えている。裁判所の判決で懲役・禁錮刑を言い渡された被告人は、処遇調査の後、刑を執行する刑事施設に収容される。控訴しなかった場合、判決日の後一五日目から刑期の日数が進行する。

刑事施設とは刑務所、少年刑務所、拘置所の総称である。懲役刑・禁錮刑の者は刑務所か少年刑務所に収容される。拘置所は未決の被疑者・被告人、及び死刑判決確定者のための施設である。全国に刑事施設は七四あり、その内訳は拘置所八、刑務所五九、少年刑務所七である。刑務所の中に医療刑務所が四つ、ＰＦＩ方式（民間の資金・方法の導入）の社会復帰促進センターという名称の刑務所が四つある。ちなみに少年刑務所は、本来二〇歳未満の少年受刑者のための施設であるが、対象人数が非常に少ないため年齢の高い者も収容している。

受刑者に対する刑事施設の処遇は「刑事収容施設及び被収容者等の処遇に関する法律」に定められている。矯正処遇と呼ばれており、その目的は「その者の年齢、資質及び環境に応じ、その自覚に訴え、改善更生の意欲の喚起及び社会生活に適応する能力の育成を図ること」(同法第三〇条)とされている。目的達成のため懲役受刑者には、一人ひとりの能力や適性に応じた作業が課される。禁錮受刑者には、本人の申出により施設長が許可した場合のみ作業を行わせる。そのほか、受刑者に改善指導と教科指導を行うこともできる。受刑者は作業や指導を正当な理由なく拒むことはできない。二〇二二年刑法改正で、懲役刑・禁錮刑は拘禁刑として一本化され、二〇二五年六月に施行されることになった。拘禁刑では受刑者への改善指導がより重視される。

表2-4によると、二〇二〇年の実刑確定者は無期一九人、有期(一部執行猶予を含む)一万七一一六人、それに死刑二人を加え、合計一万七一三七人である。『矯正統計二〇二〇』では、二〇二〇年の新受刑者は一万六六二〇人である。

新受刑者に多い犯罪がどのようなものかを見ておきたい。それは表2-6のとおりである。

表2-6　新受刑者の罪名別（総数上位3つ）の人数（人）

男		女	
総数	14,850	総数	1,770
窃盗	5,086（34.2％）	窃盗	827（46.7％）
覚醒剤	3,735（25.1％）	覚醒剤	632（35.7％）
詐欺	1,441（9.7％）	詐欺	118（6.6％）

出典：『矯正統計2020』（22）から筆者が作成

男女とも数が多いのは刑法犯の窃盗と詐欺、特別法犯の覚醒剤取締法違反であり、この三つで男の約七割、女の約九割になる。傍聴を続けてきた私が受けた印象では、被害金額のあまり大きくない万引き犯、覚醒剤の自己使用による累犯者、特殊詐欺の末端の受け子・出し子が、どんどん刑務所に送り込まれていたように思う。殺人・強盗・強制（不同意）性交等の凶悪犯が受刑者に占める割合は小さい。

仮釈放

懲役・禁錮の受刑者は、無期刑の人を含めて、期間の長短はあってもいずれ社会に戻ることが前提となっている。しかし、刑事施設と一般社会の間の落差は非常に大きいので、刑事施設から一般社会への移行は円滑にはいかない。仮釈放の制度は、刑務所から地域社会への移行を助けるために国によって設けられた大きな仕掛けである。この制度を担うのは法務省保護局で、実際の現場はその出先機関である地方更生保護委員会と保護観察所である。地方更生保護委員会は仮釈放の許可・取り消し等の事務を所管し、保護観察所は仮釈放のために本人が帰

表2-7　出所受刑者の状況(人)

	男	女
総数	17,039	1,892
満期釈放	6,971(40.9%)	469(24.7%)
仮釈放(一部猶予なし)	8,796(51.6%)	1,198(63.3%)
一部猶予実刑期終了	266	22
一部猶予仮釈放	998	203
その他	8	0

出典:『矯正統計2020』(67)から筆者が作成

住する家族や地域の調査や調整を行い、そして仮釈放後は保護観察を行う。仮釈放者の保護観察は「三号観察」(更生保護法第四八条)と呼ばれる。保護観察の方法は「四号観察」と同じである。「三号観察」中、遵守事項を守らないなどの事情があると、不良措置として地方更生保護委員会が仮釈放を取り消し、刑期の残りの期間、刑務所に戻すことになる。

出所受刑者の状況は表2-7のとおりである。

すべての受刑者にとって刑期より早めに釈放され、しばらく保護観察所の指導と支援を受けたほうが良いことは明らかである。刑務所から出てきた人に世間は冷たく、出所者は検挙前よりさらに不利な状態で生活を出発せざるを得ないからだ。しかし、男性の四割、女性の二割五分が仮釈放でなく刑期満了により出所しているのが現実である。理由として考えられるのは、本人の刑事施設での生活態度が悪い、社会に引受人が存在せず釈放後の生活の目途が立たないなどの事情であろう。出所後のリスクが高い人のほうが満期出所になりやすいのである。再犯に至る比率は、仮釈放者より満期釈放者が有意に高いという統計がある(『平成二八年版犯罪白書』によると、出所受刑者の五年以内再入率は、満期釈放者四九・五パーセント、仮釈放者二八・七パーセントである)。仮釈放の制度の運用については今後何らかの改善が必要である。

5　誰もが犯罪と無縁ではない

ここまでで述べたことをもとに、刑事司法手続きという「川」の本流と分流を整理したのが図2-1である。

一本目、二本目、四本目の分流は、刑事司法手続きを回避する制度で、ダイバージョンと呼ばれている。三本目は少年のための特別な刑事司法手続きである。五本目は刑事裁判の簡略化である。六本目は刑罰執行上の工夫である。この六本目を広い意味のダイバージョンであるとする考えもあるが、刑罰の回避ではないとして多数の刑事法学者は否定している(たとえば川出敏裕・金光旭著『刑事政策〔第二版〕』成文堂、二〇一八年)。

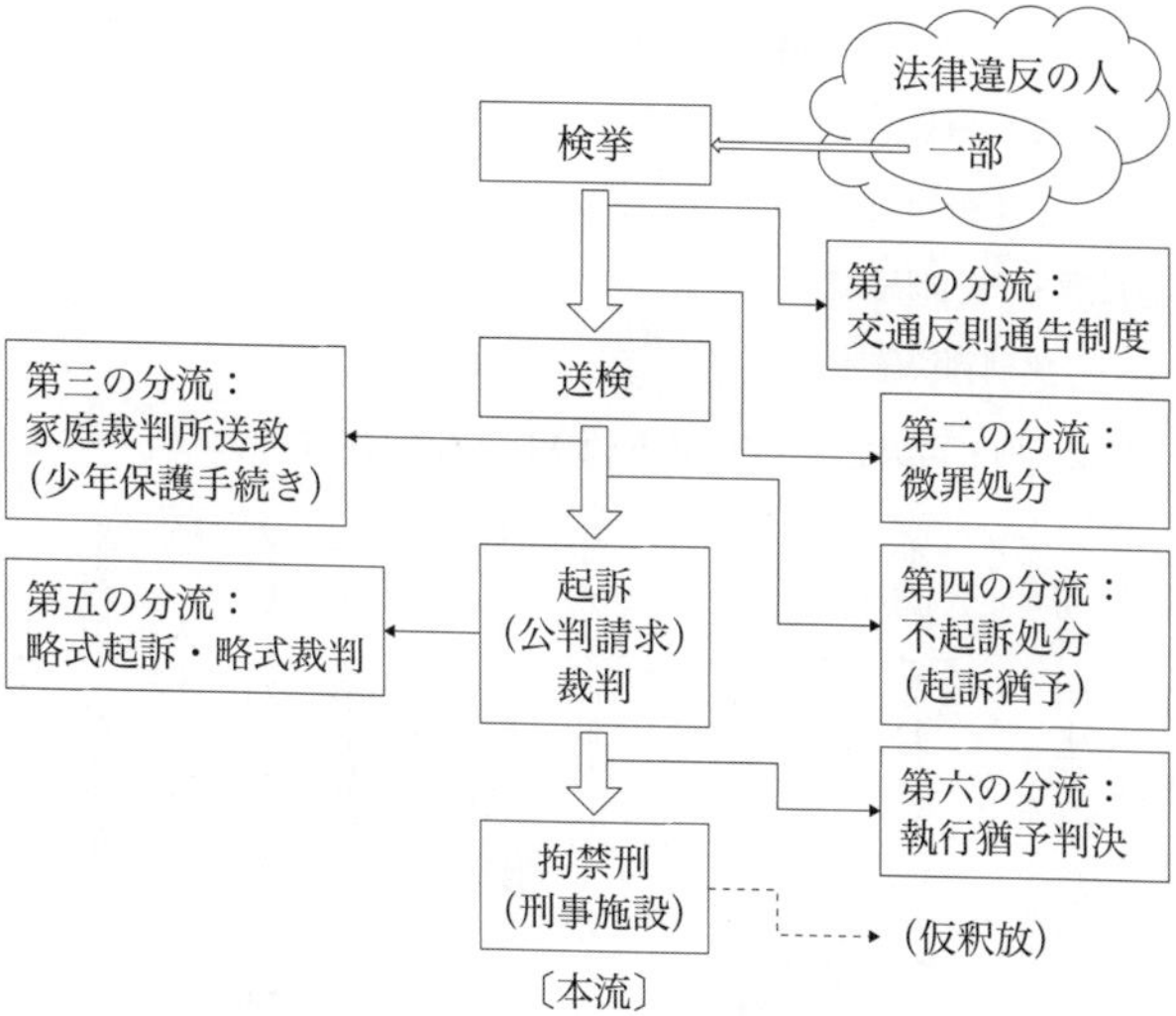

図 2-1　刑事司法手続きにおける本流と分流

表 2-8　刑事司法手続きの分流を流される人の数と割合

本流	人数(千人)	千人村(人)	分流	人数(千人)	千人村(人)
検挙者総数(推定値)　6,354					
①-1 検察庁新規受理	803	126	交通反則通告制度 微罪処分	5,561 52	875 8
①-2 検察庁既済(終局)	807	127	少年保護手続き 不起訴処分	43 511	6 80
②公判請求	79	12	略式手続き	173	27
③実刑	17	2	全部執行猶予	29	4

本表の数字は，『警察統計 2020』・『検察統計 2020』のデータに基づくが，検挙者総数が推定値である上，受理・既済の統計が混合されており，正確なものではない．本表は本流を流される人・分流を流される人の数の規模を知る目安である．したがって，「千人村」の分流の合計は 1000 人となり，最後まで本流を流された実刑 2 人を加えると 1002 人になる．

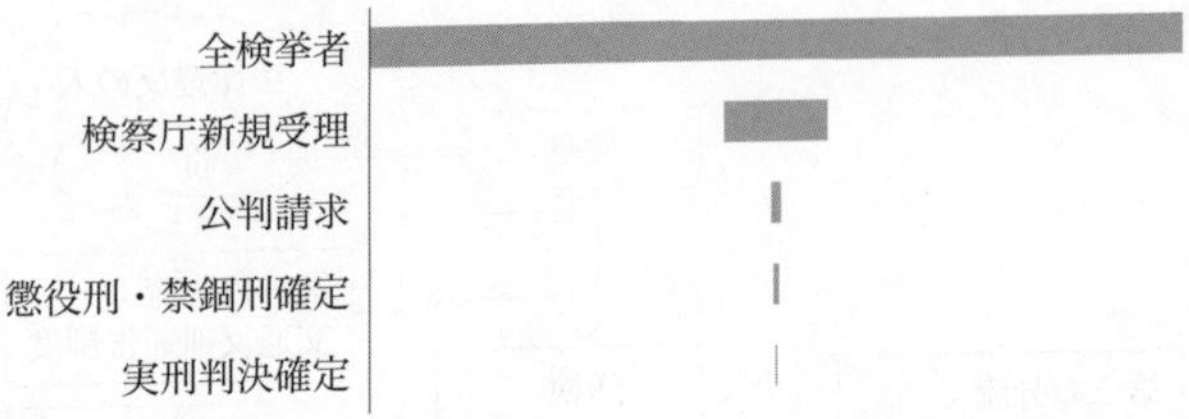

図2-2　刑事司法手続きの本流を流される人の数のイメージ(じょうご図)

これまで述べてきた被疑者・被告人・受刑者の人数を整理して並べたのが、表2-8である。この表では、「川」全体を俯瞰するため一〇〇人未満を切り捨てた。そして、検挙者総数が一〇〇〇人の村(千人村)であったとしたら、本流・分流を流される人がそれぞれ何人になるかを計算した。

さらに「川」の本流を流されるということがどういうものかをイメージするため、図2-2のようにまとめてみた。本流を流れ流され刑事施設に辿り着くのは全検挙者一〇〇〇人のうち二人程である。図では細い、細い糸になる。

すでに本章の最初に述べたが、犯罪すべてが認知されるわけではないこと、罪を犯した人すべてが検挙されているわけではないことを再確認しておきたい。軽微な犯罪ほど、この部分がとても大きいのである。

刑事司法手続きの「川」は私たちのすぐ傍にある。自分は検挙されていない、検挙されたがすぐに分流へと流されて何事もなく終わった、だから自分は「本流」とは無関係である、「本流」の人のことは考えたくもない……このような姿勢は、この社会で生きる限り許されないと私は思う。読者は賛同してくれるだろうか。

犯罪という事象に関わりのない人などこの社会には存在しない。だからこそ、罪を犯してしまった人たちを支えていく必要があるのだ。

第三章　社会の中の「犯罪者」

弱々しい被告人の「福祉ニーズ」

第二章で、罪を犯した人が「被疑者↓被告人↓受刑者」と名前を変えながら流される「川」の全容を解説した。そして、この「川」の本流には六本の分流があると述べた。

私が傍聴で出会う被告人には前科のある人が多く、執行猶予中の人、受刑歴のある人もいた。「川」の本流を流されてきた人、あるいは分流を流されていたはずなのにいつのまにか本流に戻されてきた人ばかりである。この人たちを典型的な「犯罪者」と呼ぶのだろう。しかし、私が目にした人の多くは、そのようなレッテルを貼るのが気の毒なほど弱々しかった。身体を拘束された状態であるから、被告人席に座っているから、非力な存在と見えるのかもしれないが、どう考えてもそれだけではなさそうだ。彼らが社会のどこにいても、迫力はおろか、生気にも欠けた人であるかのように見えるのである。

被告人は、高齢の人であったり、何らかの障害や疾病が疑われる人であったりする。裁判中の審理で検察官や弁護人が話す内容から、生活困窮、孤独、深い傷つきを如実に感じとることができる。加害者として法廷にいるわけだが、まるで被害者のようでもある。本来、社会が手を差し延べなければならなかった人たちである。私には被告人の大半が「福祉ニーズ」を有しているように見える。

今日、岡山地方裁判所の私の目の前で懲役の実刑を言い渡された実に弱々しい人、これは私がたまたまここで目にしているだけなのか。いや、そんなことはないだろう。この同じ時間帯に全国の無数の法廷で刑事裁判が行われている。そこにはこの目の前の人と似たような被告人が大勢いる。そう考えると、軽いめまいを覚えるのだった。

本章では、次のことを明らかにしたい。

①全国の刑事裁判の被告人の中に私が法廷で出会うような弱々しい人がどれくらい存在しているか。

②被疑者や被告人が有する「福祉ニーズ」に関する公的データはあるのか。あるとすればそれはどんな統計か。

1　大幅な高齢化

『検察統計』によると、検察庁新受の高齢者の状況は表3-1のとおりである。二〇一〇年に

表3-1　被疑者（交通関係事件を除く）の中の高齢者層（人）

	2020年				（参考）2010年			
	男	女	不詳	合計	男	女	不詳	合計
総数	225,628	38,600	17,114	281,342	325,220	57,808	30,036	413,064
以下は高齢者層								
65〜69歳	9,953	1,791			11,361	2,298		
70歳以上	20,089	5,714			13,312	4,270		
合計 （比率）	30,042 （13.3%）	7,505 （19.4%）		37,547 （14.2%）	24,673 （7.5%）	6,568 （11.3%）		31,241 （8.1%）

出典：『検察統計2020』（46）・『検察統計2010』（46）から筆者が作成
合計の比率は不詳を除いた人数における比率である

比べると二〇二〇年は高齢者率が高くなっている。日本の高齢化率は、二〇一〇年が二三・〇パーセント、二〇二〇年が二八・六パーセント（内閣府編『令和二年版高齢社会白書』）である。被疑者の高齢化の上昇率は一般の高齢化をはるかに上回るものである。

『矯正統計』をもとに、新受刑者のうちの高齢者数を算出したのが表3-2である。『検察統計』と同様に二〇一〇年と比べて二〇二〇年はその比率が大幅に上昇している。ことに女性が著しい。『矯正統計』では年末時点に在所する受刑者の年齢層も知ることができる。二〇二〇年末の七〇歳以上の人数は、男三万六四五四人中三〇六〇人（八・三パーセント）、女三三五九人中四七〇人（一三・九パーセント）である。刑務所は高齢の新受刑者の増加に加えて、長期受刑者が所内で高齢化していくという二重の問題を抱えている。しかもそれは年々深刻化している。刑務所に高齢者が

表 3-2　新受刑者の中の高齢者（人）

	2020 年			(参考)2010 年		
	男	女	総数	男	女	総数
総数	14,850	1,770	16,620	24,873	2,206	27,079
以下は高齢者層						
65〜69 歳	758	91	849	1,095	120	1,215
70 歳以上	1,049	245	1,294	763	126	889
高齢者合計（比率）	1,807 (12.1%)	336 (18.9%)	2,143 (12.8%)	1,858 (7.4%)	246 (11.1%)	2,104 (7.7%)

出典：『矯正統計 2020』(22)・『矯正統計 2010』(22) から筆者が作成

表 3-3　保護観察開始者の中の高齢者（人）

	2020 年		(参考)2010 年	
	3 号観察	4 号観察	3 号観察	4 号観察
総数	11,195	3,584	14,472	3,682
以下は高齢者層				
65〜69 歳	451	105	436	100
70 歳以上	634	178	300	99
高齢者合計（比率）	1,085 (9.6%)	283 (7.8%)	736 (5.0%)	199 (5.4%)

出典：『保護統計 2020』(21)・『保護統計 2010』(21) から筆者が作成

大勢いるという事実は、今の日本社会がよほど変になっていることの表れであろう。刑事施設内の高齢者に介護の必要が生じていること、認知症への対応が求められていることなどが最近マスコミで取り上げられている。

表3-3は『保護統計』に基づく保護観察開始者(三号・四号)の中の高齢者数である。他の統計と同様、その割合が二〇一〇年と比べると二〇二〇年は増加している。しかし、『検察統計』・『矯正統計』に比べると高齢者の占める比率はやや低い。これは何を意味するのであろうか。高齢者こそ刑事施設収容より社会内処遇が適当であると思うが、データは逆のことを示している。高齢者がほかの年齢層に比して仮釈放されにくい、また保護観察を付してまで執行猶予判決にはしないという結果であるとしたら、深刻な問題である。この点については、今後深い分析が必要である。

2 障害と再犯

『矯正統計二〇二〇』に、新受刑者の能力検査値(IQ)を見ることができる。それは表3-4

表 3-4　新受刑者の能力検査値(人)

IQ	男	女	総数	知的障害の疑い
(総数)	14,850	1,770	16,620	
49 以下	420	80	500	3317 (19.9%)
50〜59	815	113	928	
60〜69	1,664	225	1,889	
70〜79	3,298	425	3,723	—
80〜99	7,045	722	7,767	—
100 以上	1,312	96	1,408	—
テスト不能	296	109	405	—

出典：『矯正統計 2020』(36)から筆者が作成

表 3-5　保護観察開始者の知能指数(人)

IQ	3 号観察	知的障害の疑い	4 号観察	知的障害の疑い
(総数)	11,195		3,584	
49 以下	149	1514 (13.5%)	14	209 (5.8%)
50〜59	337		50	
60〜69	1,028		145	
70〜79	2,155	—	318	—
80〜99	6,095	—	970	—
100 以上	1,266	—	182	—
不詳	165	—	1,905	—

出典：『保護統計 2020』(15)から筆者が作成

のとおりである。知的障害の診断は医師が行う総合的判断である。検査値七〇未満が知的障害であると断定はできないが、それを疑うことはできるだろう。また、このくらいの数値の人は周囲がサポーティブでなければ社会内で生きづらさを抱える可能性が高い。新受刑者の約二〇パーセントがこの枠内にある。

『保護統計二〇二〇』にも同様の統計がある。それが表3-5である。知能指数が七〇未満の人の比率が、三号観察対象者においては『矯正統計二〇二〇』の新受刑者全体の値(表3-4)よりやや低く、四号観察対象者ではうんと低い。これも高齢者層と同じであるが、このような人たちが仮釈放されにくい、保護観察付執行猶予になりにくいことを暗示するデータであるとすると深刻な問題である。今後深い分析が必要であろう。

『矯正統計二〇二〇』には新受刑者の精神診断結果が掲載されている。それが表3-6である。何らかの精神障害と診断された人が一五パーセントを占めるという事実は重い。ただし、この統計の知的障害者数は、表3-4の検査値七〇未満の知的障害の疑いのある人数と比べると大幅に少ない。

『矯正統計二〇二〇』において障害との関係で注目すべき統計はほかにもある。「休養患者の病名別　診断時期、転帰事由及び平均り病日数(既決拘禁者)」から、表3-7のとおり精神及び

表 3-6　新受刑者の精神診断結果(人)

診断名	男	女	総数	精神障害の診断
(総数)	14,850	1,770	16,620	
知的障害	281	16	297	2544 (15.3%)
人格障害	38	25	63	
神経症性障害	291	46	337	
その他精神障害	1,453	394	1,847	
精神障害なし	12,761	1,279	14,040	—
不詳	26	10	36	—

出典：『矯正統計 2020』(37)から筆者が作成

表 3-7　休養患者のうち精神・行動の障害と診断されたもの(人)

	男	女	総数
既決拘禁者における休養患者数	7,598	996	8,594
うち精神及び行動の障害	450	198	648

出典：『矯正統計 2020』(88)から筆者が作成

表 3-8　出所受刑者の「精神保健福祉法」通報(人)

	男	女	総数
「精神保健福祉法」通報の人数	3,143	628	3,771
うち入院措置を採ったもの	49	9	58
うち入院措置を採らないもの	3,094	619	3,713

出典：『矯正統計 2020』(85)から筆者が作成

表3-9　保護観察対象者の精神状況（人）

診断名	3号観察	精神障害の診断	4号観察	精神障害の診断
（総数）	11,195		3,584	
知的障害	193	1934 （17.2％）	109	857 （23.9％）
人格障害	565		245	
神経症性障害	126		39	
その他の精神障害	1,050		464	
精神障害なし	9,181	－	2,479	－
不詳	80	－	248	－

出典：『保護統計2020』（16）から筆者が作成

行動の障害で休養を許された（病室等で治療を受けた）患者数を見ることができる。さらに「出所受刑者中精神保健及び精神障害者福祉に関する法律による通報を行ったもの」が表3-8である。

精神疾患のある受刑者は少ないとは言えず、彼らの治療をどうするかという課題は深刻である。精神疾患のある人にとって刑事施設が治療に有効な場なのか、かえって症状を悪化させる場なのかを、よく考えなければならない。刑事裁判の基本的姿勢は、心神喪失や心神耗弱でない限り「治療を要する精神疾患があったとしても罪を犯した人には刑罰が優先する」というものである。しかし、その精神疾患が犯罪行為と密接に関連しているとしたら、その治療を抜きに改善更生を図ることはできないのではないだろうか。ことに薬物、性的逸脱や盗み行為への依存が疑われるケースでは、司法か医療かという課題が浮き彫りになる。刑務所が依存症者の治療に有効でないことはその再犯の多さにより証明されているように思う。

『保護統計二〇二〇』にも、保護観察対象者の精神障害の有無、有の場合の診断名と各人数のデータがあり、それは表3-9のとおりである。仮釈放者(三号)に占める精神障害の疑いのある人の比率は受刑者(表3-6)とさほど変わらない。保護観察付執行猶予者(四号)のその比率が高い理由は何だろうか。この点は今後分析が必要である。

3　貧困

被告人の経済状態を間接的に推測するデータとして第一に挙げられるのが、『司法統計二〇二〇』の国選弁護人選任数である。「死刑、無期、長期三年を超える懲役・禁錮にあたる事件」の裁判は必要的弁護事件で、弁護人不在では開廷できない。被告人自らが弁護人を選任しないとき裁判所が必ず国選弁護人を付する。さらにそのほかの事件でも、被疑者・被告人が弁護人を選任したいが貧困等でそれが叶わないとき、本人が請求するか、裁判官の職権によって国選

表3-10　通常第一審事件の弁護人の選任状況(人)

	地方裁判所	簡易裁判所
(終局総数)	47,117	3,901
弁護人のついた人数	46,901(99.5%)	3,840(98.4%)
うち国選弁護人のついた人数	40,276(85.4%)	3,579(91.7%)

出典:『司法統計2020』(23・24)から筆者が作成
国選の比率は総人員に対する比率である

弁護人を選任することができる。本人請求の場合、資力申告書を提出して貧困であることを明らかにする必要がある。国選弁護人の選任状況は表3-10のとおりである。刑事被告人の弁護人が国選である率が、地方裁判所で八五・四パーセント、簡易裁判所で九一・七パーセントであるという事実は重い。

被告人の生活困窮を示すデータは、『検察統計』にも見ることができる。労役場留置とは、判決で確定した罰金が支払えないとき、その代わりに刑事施設内で作業を命じられることである。罰金は刑罰であり、支払えないということでは済まされない。どうしても支払えない場合、刑事施設内に留置され、罰金額に達するまで作業に従事しなければならない。一日の作業が五〇〇〇円程に換算されるようで、罰金二〇万円ならば四〇日間、すなわち八週間の労役場暮らしとなる。きっと本人は刑務所に送られたのだと思ってしまうだろう。第一章の傍聴記録の被告人Cは罰金四〇万円が支払えず、労役場留置になった。罰金刑のほとんどは略式起訴・略式裁判によるもので、本来なら刑事司法手続きの本流から分流に移された人であるが、それが貧困という事情で本流に戻されたというイメージである。

『検察統計二〇二〇』によると、二〇二〇年会計年度内の労役場留置処分の状況は表3-11のとおりである。罰金刑執行者の一・七パーセントという数字はわずかに見えるが、労役場に入る人が三〇〇〇人近くも存在するという事実を安易に考えるわけにはいかない。

『保護統計』には、保護観察開始時の生計状況に関するデータがある。『保護統計二〇二〇』には表3-12のとおりの数字が示されている。すでに説明したが、三号は仮釈放者、四号は保護観察付執行猶予者である。この統計における「貧困」は、生活保護受給者およびそれに準ずる生活状態であると考えられる。三号・四号ともその比率は高い。

また、『保護統計』には更生緊急保護のデータも見ることができる。更生緊急保護とは、犯罪で身体を拘束された人が釈放された後

表 3-11　労役場留置処分の状況（検察庁執行事件）（件）

罰金刑執行既済	170,679
労役場留置処分	2,941（1.7%）

出典：『検察統計 2020』(66)から筆者が作成
本統計は2020年会計年度分であり，前年度からの繰り越しを含む

表 3-12　保護観察開始時の生計状況（人）

	3 号観察	4 号観察
（総数）	11,195	3,584
富裕	111	44
普通	5,909	2,151
貧困等	4,929（44.0%）	1,344（37.5%）
不詳	246	45

出典：『保護統計 2020』(19)から筆者が作成

（典型例は刑務所からの満期釈放者である。そのほか起訴猶予・罰金刑等により警察留置施設・拘置所から釈放された人も含まれる）、家族や親族に助けてもらうことができない、あるいは福祉事務所等の支援がすぐに受けられない人のための制度である。援助を希望する本人からの申出により、保護観察所が実施を判断する。具体的には、帰住する予定地まで行く金の持ち合わせがない人やその日の食費を持っていない人に現金等を支給する、当面宿泊する場所がない人に更生保護施設・自立準備ホームへの入居を斡旋するというものだ。その費用は国（法務省）がすべて負担する。

更生緊急保護の申出者は例外なく貧困であり、孤独の身の上である。言わば「福祉ニーズ」のある人の典型である。この人々には本来は社会福祉の専門機関が対応すべきであろう。刑務所を出所した人がその日のうちに生活保護申請を行うことを福祉事務所は受け入れ、その上で困窮していることが明らかな場合はすぐさま支援を開始すべきである。しかし、実際のところ、社会福祉の現場はそのように運用されていない。制度としての福祉は整っているように見えても、依然として更生緊急保護の必要性は高い。

もっとも、周囲が緊急更生保護の申出をしたほうがいいと考える人であっても、自らが援助を希望せず、ホームレス生活を厭わなかったり、明らかに問題のある帰住先（暴力団事務所等）

を選択したりするという場合、それを止める方法はない。

更生緊急保護は純粋に本人を支援する制度とは言えない。この制度は社会の安全装置である。罪を犯して前日まで刑務所にいた人が住む家もなく、手持ちの金もわずかしかない状態であることは、社会にとって大きな不安要素である。更生緊急保護はかつて罪を犯した人の再犯を予防するための制度なのである。

『保護統計二〇二〇』によると、更生緊急保護の申出者数は表3-13のとおりである。単純比較できないが、『矯正統計二〇二〇』に示される刑務所満期釈放者は七四四〇人である。『保護統計二〇二〇』の更生緊急保護の申出者中、「刑の執行終了」のうち満期釈放者は三七六一人である。この二つの数字の大きな差はとても気になる。

表3-13　更生緊急保護の申出者(人)

申出者の事情	人数
(総数)	8,187
刑の執行終了	5,603
(うち満期釈放)	(3,761)
刑の執行猶予	972
起訴猶予	988
罰金・科料	443
労役場出場・仮出場	149
少年院退院・仮退院	32

出典：『保護統計 2020』(57)から筆者が作成

更生緊急保護によりどのような措置が行われているのだろうか。それは表3-14に示すとおりである。更生緊急保護が実施された人の多くが更生保護施設・自立準備ホーム等への入所を斡旋されている。この援助がなければ彼らはホームレスになったのである。

4　統計からわかった「福祉ニーズ」

ここまで、各種犯罪統計から、刑事司法手続きの中にある人の「福祉ニーズ」に関わると思われるデータを拾い出して整理してきた。そこからわかったことと、その課題を列挙してみよう。

1　罪を犯す人の高齢化

罪を犯す人の中で高齢者の比率が非常に高くなっている。この一〇年程の数字の変化を見ると、被疑者と受刑者に顕著である。従来の刑事司法は、刑事施設内の作業経験により、あるいは更生保護機関の監督と支援により、犯罪のため一度離れてしまった労働市場に復帰するという就労モデルで組み立てられてきた。しかし、現在、そのモデルは通用しにくくなっている。司法

表 3-14　更生緊急保護の措置(人)

	措置	人数
自庁によるもの	(自庁による更生緊急保護総数)	5,577
	宿泊	11
	食事給与	239
	衣料給与	661
	医療援助	5
	旅費給与	333
	一時保護事業を営む者への斡旋	1,847
委託によるもの	(委託による更生緊急保護総数)	4,595
	更生保護施設委託	3,391
	更生保護施設以外への委託	1,204

出典：『保護統計 2020』(58・59)から筆者が作成
「委託によるもの」には前年度からの繰り越しを含む

手続きの中にある人の相当数が現役労働者層でないのである。刑事施設に収容された高齢者はそこでさらに年を重ねて社会に戻される。法務省もこの問題の深刻さをよく認識しているようで、『犯罪白書』の「平成二〇年版」、「平成三〇年版」に高齢犯罪者の特集を組んでいる。しかし、政府刊行の白書には限界と問題点があると言わざるを得ない。「やってる感」ばかりが目立ち、これだけしっかりした対策を行っているから心配ないですよという安心感を抱かせる。この十数年間、刑事施設と更生保護機関が高齢者にあわせた処遇の改善を重ねてきたことは否定しない。しかし、私が傍聴した裁判を見る限り、この努力は捜査や刑事裁判に及んでおらず、また刑事施設と更生保護機関の実践が実を結んでいるようには思えなかった。

2　障害を抱えた人の増加

刑事司法手続きの本流を流される人に、知的障害・精神障害の疑われる人が一定数存在することがわかった。捜査や裁判の担い手が、どれくらい確かな目でこの人たちの特性を見て考えたのか。それは極めて不十分な気がする。私が傍聴した裁判を振り返ると、その多くを見逃しているか、うすうすわかっていてもそこを見ないようにしていると感じた。

治療や支援が必要であったとしても、それは刑の執行を終えてからのことだという刑事司法の考え方は正しいのだろうか。一見合理的な考え方のように見えるが、そのようにして刑事施設に送り込まれた人への刑の執行は難しく、虚しく、やってもやっても効果が上がらないように思う。人が改善更生していくために重要なことは、生活の基礎となる土台づくりであり、その中身は本人のニーズに基づく支援であり、同時に彼に困難をもたらす社会的障壁の除去である。そこを無視した改善更生がうまく行くはずがない。

障害者基本法第二九条の「国又は地方公共団体は、障害者が、刑事事件若しくは少年の保護事件に関する手続その他これに準ずる手続の対象となつた場合又は裁判所における民事事件、家事事件若しくは行政事件に関する手続の当事者その他の関係人となつた場合において、障害者がその権利を円滑に行使できるようにするため、個々の障害者の特性に応じた意思疎通の手段を確保するよう配慮するとともに、関係職員に対する研修その他必要な施策を講じなければならない」という条文を嚙みしめたい。国が決めた法律なのだから、きちんと守ってほしいし、守られているかどうか厳しくチェックしてほしい。

3　生活困窮者の累犯者化

ここまで見てきたように、罪を犯す人、その中でも繰り返す人の多くは生活困窮者である。

八五パーセント以上の被告人の弁護人は国選である。罰金の支払いができず労役場に留置される人が一年間に三〇〇〇人近くいる。保護観察が開始される人の相当数が貧困である。更生緊急保護の申出者数が八〇〇〇人以上いて、そのニーズの多くが当面の居住先の確保である。罪を犯すことと貧しいということは深く結びついている。もちろん、貧困が犯罪の大きな背景であることは今さら強調することではなく、昔から言われていた。そして、刑事司法手続きの本流を流されるということはその人の貧困をますます深刻化させるのである。貧困の克服は本人の自己責任なのだろうか。刑事司法手続きがさらに貧困を加速させても、それを含めて刑罰であると言うのだろうか。

そんな困難を乗り越えられる超人的パワーの持ち主ならば、そもそも罪を犯すことはないだろう。犯罪と貧困の悪いスパイラルを断てない累犯者の問題を社会全体で受け止め、その解決方法を探さなければならない。憲法第二五条の「すべて国民は、健康で文化的な最低限度の生活を営む権利を有する」を今一度確認したい。刑事司法手続きの中にある人も「すべて国民」の一人である。地域にいる人はもちろん、刑事施設に収容されている人も、更生保護施設や自立準備ホームに入所している人も、その生活はこの憲法の条文に沿うものでなければならない。

第四章　社会福祉士が刑事裁判を支援する

1　刑事司法と「福祉ニーズ」

見えないニーズ

法廷傍聴で、社会福祉士が弁護側の情状証人として証言する場面に出会うようになった。数は少ないが、ごく最近のトレンドである。社会福祉士の証言や調査結果、支援計画に基づく弁護人の弁論に接すると、検察官が捜査によってとらえた被告人の姿とは異なる人物像が見えてくる。ここに刑事裁判の将来を照らす仄《ほの》かな光があるように思う。

第三章で強調したが、「福祉ニーズ」を抱えた被告人は実に多い。ところが、第一章の傍聴記録に見るように、刑事裁判の担い手はそのことに無関心である。高齢だからどうなのか。疾病や障害があったからどうなのか。責任能力に関わるなら考えないといけないが、それが問題になるようなケースは稀有である。まして貧困だから、孤独だから、深い傷つきがあったからなど、そのようなことは裁判で審理するものではないとされている。

弁護人が被告人の障害・疾病を持ち出すと、検察官は、ときにはマスコミや世論も、「無理な心神喪失・心神耗弱の主張をしている」と批判する。弁論で、貧困・孤独・深い精神的傷などを訴えると「お涙ちょうだいか」と言われかねない。検察官や批判者の言い分は、被告人と同じような境遇の人は大勢いるが、ほとんどは罪を犯さずちゃんとやっているではないかということである。

しかし、何らかの「福祉ニーズ」を弁護人が法廷で主張しているのはまだ相当ましなのかもしれない。弁護人だけでなく、検察官も裁判官もその事実に気付いていないことが多い。

考えてみれば、「福祉ニーズ」を抱えた被告人自身にも、刑事司法手続きの中でさまざまな分流へと移されていく過程で、立ち直るチャンスがあったことは事実である。それを生かすことができなかったのは、やはり本人の責任ではないかという言い方もできるだろう。確かに、その意見には一定の説得力がある。

ただ、私はやはりそれには反論する。「福祉ニーズ」のある人は、自分で自分のことを何とかしていくことが苦手である。外からの良くない影響を受けやすく、想定外の不運にとことん弱く、ちょっとした躓《つまず》きがきっかけで破局に向かってしまう。そして、悪いスパイラルにはまると抜け出せなくなる。

貧困であることは有力な資源の欠落であるし、孤独であることはいざという時に誰にも助けて言えないことであるし、心理的傷つきは自らを前向きにすることをためらわせる。高齢であること、障害・疾病のあることは、さらに将来への展望を持ちにくくさせる。これらは本人の努力だけで何とかできるものなのだろうか。すべてを本人の責任と言い切ることができるであろうか。

少年司法・刑事司法とソーシャルワーク

少年司法は刑事司法と異なり、少年の「福祉ニーズ」が最大の関心事となる。厳密に言うと違う概念であるが、少年司法の要保護性は「福祉ニーズ」と共通する部分が多い。少年司法では、健全育成理念のもと、家庭裁判所と保護処分執行の機関が協働する制度が整えられている。

家庭裁判所の審判は、調査官の社会調査と少年鑑別所の心身鑑別に基づいて行われる。審判後その情報は保護観察所・少年院など保護処分を執行する機関に提供される。少年の個人情報が満載された「社会記録」は裁判官の判断のための重要な資料であると同時に、執行機関が処遇を進める上での貴重な材料となる。それに基づいて執行機関は一人ひとりの健全育成に向けた処遇計画を作成し、実行する。家庭裁判所は、保護処分の実施状況に常に関心を払い、必要に応じて執行機関に処遇勧告を行ったり、環境調整命令を発出したりする。

少年司法の実効性は非常に高い。「少年に甘い」という世間の声を受け、二〇〇〇年から二〇二一年までに五回にわたり少年法が改正された。しかし、少年法批判は極端な重大事件を念頭においてのものであった。少年・青年期のごく一般的な躓きに対する専門的対応として日本の少年司法制度は優れたものである。

それでは、刑事司法を少年司法に類似した制度にしたほうがよいのか。そう問われると、私はためらいなく「それは違う」と答えるだろう。刑事司法は、第一章の被告人Bの傍聴記録に典型を見るとおり、被告人の内面に無用に立ち入らないのが原則である。刑事司法が少年司法の真似をして「良き国民」という目標を持って行われるとしたら、それは危険である。刑事司法が人の心を改造する制度に化してしまう。罪を犯した人にはその罪が社会に及ぼした影響に応じた範囲内で制裁を加えることしかできない。これを「侵害原理」と呼ぶ。もっとも責任能力の有無などを判断するときは人の内面に立ち入らざるを得ないが、あくまで例外的なことであると理解されている。

ただ、刑事司法も、刑罰を執行するときには、侵害原理一本槍ではうまくいかない。刑務所の改善指導、保護観察所の更生支援の効果をあげるためには、人の内面にある程度立ち入ることを考えないわけにはいかない。二〇〇五年制定の「刑事収容施設及び被収容者等の処遇に関する法律」では矯正処遇の中に改善指導が入り（同法第三〇条）、二〇二二年の改正刑法で新設された拘禁刑（二〇二五年六月施行）では改善更生を行うことが明記された（同法第一二条第三項）。しかし、この方向性には歓迎の声があるばかりでなく、国家が行う刑事司法の処遇によって人の思想や信念を変えることは許されないという強い批判もある。その原則は重要なことであり、刑事司法の人への介入は謙抑的なものでなくてはならない。実は、健全育成を目標とする少年司法でさえ、刑事司法の一翼であることに由来する限界がある。保護処分は一般の教育や福祉の支援とは大きく異なるのである。

こういう話を続けると、司法とは途方もなく大きな力を持った領域であり、その中で活動する司法ソーシャルワークが福祉の論理を貫けるのか、という疑問が湧いてくる。序章では、司法ソーシャルワークがソーシャルワークである限り、理念、目的、方法の基本は何ら変わらないことが合意されていると強弁したが、「本当のところはどうなの、この舞台は福祉でなく司法の場だ」と告げられると、ハタと困るのである。ここで少し、刑事司法への福祉の関与の歴史と現状を整理してみよう。

出口支援

刑務所と保護観察所は、この二〇年程の間に、社会福祉士の力を活用するようになった。

そのきっかけを作ったのは、元衆議院議員で受刑した経験を持つ山本譲司である。彼の執筆した『獄窓記』(ポプラ社、二〇〇三年)、『累犯障害者――獄の中の不条理』(新潮社、二〇〇六年)は、刑務所が福祉ニーズのある人で溢れていることを広く世に知らしめた。これによって、刑務所に福祉専門職が採用されたり、保護観察所が地域の福祉機関と関係を深めたりする動きが出てきたのである。そして、長崎県諫早市の「社会福祉法人南高愛隣会」はこの課題を正面から受け止め、その方面の研究活動を精力的に展開した。

同会が最初に取り組んだ研究は、「罪を犯した障がい者の地域生活支援に関する研究」(二〇〇六〜〇八年度、厚生労働省科研費)であり、山本もこの研究に加わった。研究成果として「社会生活支援センター(仮称)」設立を提起し、これにより二〇〇九年度から厚生労働省が「地域生活定着支援事業」を開始したのであった(二〇一二年度から「地域生活定着促進事業」に改称)。この事業で誕生した「地域生活定着支援センター」は、受刑者の地域移行と定着を促進する専門機関である。現在、同センターは全国に四八カ所ある(北海道二カ所、ほか都府県一カ所ずつ)。このセンターの受刑者・元受刑者に対する相談支援を「出口支援」と呼んでいる。

出口支援とは、高齢であったり障害があったりする受刑者が、刑事施設を出るに当たって、引受人がいないとか住居がないとかの場合に、「地域生活定着支援センター」が社会内の福祉サービスに結び付ける取り組みのことである。ただ、これは社会福祉サービスの受給に向けた支援であるため、本人の完全な同意が必要となる。従来、この取り組みを行うのは国が所管する更生保護機関のみであった。掲げる目標が就労であるときはそれなりに機能していたが、高齢で就労という目標が掲げられない、あるいは障害のために就労するにしても特別の配慮が必要である場合、制度の利用自体が困難であった。「出口支援」は、その部分を手当てするものであったと考えられている。

それでは、出口支援は有効であったのだろうか。犯罪のような複雑な社会現象に対して、原因と結果の関連性を厳密に調べるのは難しいことである。しかし、結構効果が上がっているのではないかと考えられるデータもある。法務省編『令和四年版再犯防止推進白書』に二〇〇三年以降の年ごとの「出所受刑者の二年以内再入者数及び二年以内再入率」が掲載されている。これによると、二〇〇三年に二〇・七パーセントであった二年以内の再入率が、二〇二〇年には一五・一パーセントに下がっている。うち仮釈放者が一二・二パーセントから一〇・〇パーセントへ、満期釈放者が三一・五パーセントから二二・六パーセントへ、という結果である。満期釈放者の再入率の減少が著しい。しかも顕著に減少し始めたのは「地域生活定着支援センター」開設後である。この減少は「出口支援」の成果であると考えてよいのではないだろうか。

入口支援

「南高愛隣会」は、センター構想の提起後も活発に多方面の研究活動を進めた。その中で捜査・刑事裁判段階において被疑者・被告人を支援する必要があるという大きな提起を行った。その支援を出口支援に対して「入口支援」と呼んだ。ここでの社会福祉士の役割は、出口支援の場合とまったく変わらない。その人が刑事司法手続きから離れて社会に出るときに、社会内でうまく生活して行けるよう支援体制を組むことである。

入口支援を最初に始めた公的機関は検察庁であった。起訴猶予による不起訴処分後生活の目途の立たない被疑者を支援するため、二〇一三年四月、東京地方検察庁に社会福祉アドバイザーを採用した。この制度は全国に波及し、小規模な地方検察庁においても非常勤の社会福祉アドバイザーを配置するようになった。社会福祉アドバイザーは、不起訴処分によって身柄拘束を解かれた後、ホームレスになる可能性のある人に当面の住居を提供したり、障害のある人に福祉サービスの利用を勧めたりし、この支援は出口支援と同様、効果の高いものとなった。もちろんこの支援は本人の同意が前提となる。

しかし、入口支援を行う検察庁が捜査機関であり、しかも検察官に起訴・不起訴の判断権があるという大きな問題がある。支援を断ると不起訴にならず起訴されてしまうことにならないか。そういう圧力の下では被疑者が支援を受け入れるかどうかを自由に選択できないのではないか。社会福祉士の中でこの制度をめぐる意見の対立が生じている。検察庁への社会福祉士の登用について、活動分野が拡大するという歓迎の声がある反面、このような制度は間違っているという強い意見がある。

捜査が終了し検察官が起訴すると、刑事裁判が始まるが、その被告人に対する「入口支援」は、弁護人が取り組む課題になる。裁判になってから、検察官が被告人への支援の必要性に心を配ることはない。社会の中に住居がないことは被告人にとって重い処罰につながる不利な証拠となることさえある。したがって、弁護人がこの被告人には何らかの手助けが必要であるという思いを抱いて初めて、入口支援の必要性が法廷に持ち出されることになる。このような活動の制度化の始まりは二〇一四年の東京での取り組みである。在京の三弁護士会が社会福祉士会などと協議し、障害者・高齢者など支援の必要のある被告人に対して、この分野の専門研修を受講した社会福祉士など専門職を紹介するシステムを構築した。全国いくつかの府県でも東京と似た紹介制度を作ったり、弁護士会と社会福祉士会がこの事業推進に向けて協定を締結したりし、この活動は全国に少しずつ波及していった。

弁護士主導の「入口支援」は、裁判段階から捜査段階での支援依頼へと広がっていった。弁護士の活動は、検察官主導の「入口支援」と協力関係を築くこともあるが、深刻な対立を生むこともあった。

そういう中で、二〇二一年、地域生活定着支援センターが、「出口支援」に加え「入口支援」への取り組みを始めた。ただ、同センターの現在のマンパワーを考えると、「入口支援」を全面展開することは不可能である。また、同センターの活動が検察側に立つのか弁護側に立つのか、という悩ましい問題も生じている。

入口支援の制度化は難しい

入口支援は、出口支援のようにうまく制度化できないようである。出口支援と入口支援とは、その性格を異にする。出口支援は、矯正から更生保護への橋渡しを行う業務、もっと端的に言うと更生保護の不十分さを補う国家の業務である。ところが、入口支援は、捜査・刑事裁判という「個人（被告人）対国家（検察官）」の対立構造の中で行われる業務である。したがって、国家が主導して一つの形を作りにくいし、そもそも日本全国で同じようなシステムにすることが良いかどうかもわからない。

現状として、入口支援は都道府県ごとにさまざまである。とても活発な地域もあるが、活動がほとんどないところもあり、地域間の差は非常に大きい。日本弁護士連合会は、二〇二三年三月の臨時総会において、「少年・刑事財政基金のための特別会費徴収の件」、「少年・刑事財政基金に関する規程」を一部改正し、入口支援の費用を負担する制度を構築、同年四月から運用を開始することを決定した。これは、刑事弁護において社会福祉士等が支援する活動を全国に普及させることを目指すものである。この日本弁護士連合会の新制度は画期的であり、おそらく刑事司法のトピックとして歴史に刻まれるだろう。この制度は、「障がいがある者又は障がいがある可能性を有する者」または「六五歳以上の高齢者」であって「福祉的支援が必要であると認められる」被疑者・被告人等への「刑事弁護……に付随する福祉的な支援活動に伴う費用」を少年・刑事財政基金から支出できるとするものである（カッコ内の言葉は「少年・刑事財政基金に関する規程」による。同規程では少年保護事件の付添人活動も対象にしている）。また、この総会決定後の理事会において「少年・刑事財政基金の支出に関する規則」を一部改正し、支出対象となる福祉専門職を社会福祉士だけでなく、精神保健福祉士、公認心理師・臨床心理士、その他更生支援に関わる民間団体なども含めることとした。これは更生支援の効果を上げるには地域のあらゆる資源を動員しなければならないということを示唆したもので、先見性のある制度設計であると私は高く評価する。ただ、この活動を実際に展開するには、各地域の単位弁護士会が日本弁護士連合会の規程に対応する何らかの仕組みを作ることが必要である。

今後、この制度を受けて入口支援が全国各地でどのように展開していくのか、最終的に全国的に同じようなかたちに収束していくのか、あるいは収束しないまま推移するのか、目の離せない状況である。

入口支援について、いくつかの課題を検討してみよう。

まず、その対象となる数がどれくらいかということである。出口支援の対象は受刑者・元受刑者で、しかも高齢である、障害があるというように絞られているので、その人数は全国でせいぜい数千人程度である。それに比べて、入口支援の対象は被疑者・被告人であり、高齢者・障害者に絞ったとしても、出口支援とは桁の違う規模になる（表3-1と表3-2の総数の違いを見てほしい）。弁護人が被疑者・被告人の「福祉ニーズ」に関心を持てば持つほど、熱心に刑事弁護をしようと思えば思うほど、対象となる数は増えて行く。もし必要と思われるケースすべてに「入口支援」が求められたならば、その期待に応えて活動できる社会福祉士の数は圧倒的に足りないであろう。弁護士会と社会福祉士会との協定や連携ルールを有する都道府県においては、「入口支援」のできる社会福祉士を教育・養成する講座や研修会を実施しているが、そこに参加する数は多いとは言えない。そもそもほとんどの社会福祉士は、どこか福祉関係の機関や団体に雇用されており、入口支援を行う時間と力のゆとりのある者は少なく、しかも実際の活動に入るなら所属先に理解を求める必要がある。入口支援の担い手のマンパワー不足は深刻である。

次に、「入口支援」の活動の裏付けとなる財源をどこに求めるかである。出口支援では、ほとんどを国が、一部を自治体が負担する形になっている。入口支援でも、検察側の必要から行う場合は国の負担である。また、弁護活動は、国選であればすべての費用を国が負担する。弁護活動を助ける社会福祉士等のコストを国選弁護費用への加算で補うべきだという意見はあるが、実現への道のりは険しいようである。従来、弁護士依頼の「入口支援」は大きい単位弁護士会や独自の財政を確立可能な地域でのみ展開されてきた。全国に大きく広がらなかった一番の理由は、その費用が工面できないことであった。前述の、少年・刑事財政基金から支出できるとした日本弁護士連合会の新制度は、各地域の状況を大きく変化させるであろう。私は各地域の現状について十分に把握できていないが、二〇二三年度中に相当数の単位弁護士会が何らかの仕組みを設けたという情報に接した。おそらく現在も進行中であろう。ただ、日本弁護士連合会の新制度がこの課題のゴールであってはならない、ということを強調しておきたい。このような費用を民間団体に負担させることが妥当と言えるのだろうか。この制度の実施は被告人だけでなく社会全体にとってより好ましい結果をもたらすはずである。その費用はやはり国が負担すべきではないだろうか。

もう一つ、根源的な課題を指摘しておきたい。刑事司法手続きの中で仕事をする社会福祉士の抱える強烈なジレンマである。

刑事司法の基本的スタンスはソーシャル・エクスクルージョン（社会的排除）である。一方、社会福祉はソーシャル・インクルージョン（社会的包摂）である。この両者は相容れないものであり、もし両者間が良好な関係であるとすれば、一方が迎合しているか、両者が衝突を避けているだけである。入口支援を経験したある社会福祉士が「捜査段階で協力した検察官は優しくとても良い話し合いができたが、刑事裁判で弁護側の情状証人に立つと検察官は牙を剝く」と話していたことがある。刑事司法は争いの場であるとつくづく思う。

実際、社会福祉士の関与が多い地域ではいろいろなトラブルが起きていると聞く。弁護側証人として「更生支援計画」の中身を証言した社会福祉士に対して検察官が、起訴前段階で協力を依頼した別の社会福祉士はそのような支援は困難であると述べていたと言って、厳しく追及したというのだ。過去の経験や現在活動するフィールドによって見立てや支援の方針が社会福祉士ごとに違うのは当然のことである。しかし、刑事裁判ではそこが争点になるのである。

ここに至って、入口支援と出口支援という分け方も、刑事司法手続きを真ん中においての発想であることに気付くのである。福祉の支援は、対象となる人がどんな立場・境遇にあろうとも、本人が求める限り、できる手助けはするし、できないことであっても何か良い方法がないかを考えるものである。社会福祉士は、刑務所に入る前と入った後というように時間を分けてものを考えたくない。方法は入口も出口も同じである。現在、刑事司法と福祉が交わるこの領域は混沌としており、視界不良である。

しかし、こんな中でも、きらりと光る実践が一〇年以上積み重ねられてきている。次節では、二つの実践を紹介したい。このような活動に司法ソーシャルワークの将来像がある。

2　弁護士と協働し被告人に向き合う社会福祉士

元祖司法ソーシャルワーカー

原田和明は自身のフェイスブックで「元祖司法ソーシャルワーカー」と名乗る。自称するとおり、原田が弁護人からの依頼で社会福祉士として刑事被告人に関わり始めたのは二〇〇三年にさかのぼり、この分野の活動としては飛び抜けて早い。

きっかけはこんなことだった。当時、原田は近畿エリアのある障害者福祉サービス事業所の相談員をしていたが、同じ地域のある事業所長から「うちの利用者が火を付けて捕まった」という話を聞いた。その放火は二〇〇三年五月一一日のことで、犯人が朝日新聞阪神支局前に停めてあった自転車を燃やしたというものであった。その支局は一九八七年五月三日の自称「赤報隊」による記者殺傷事件が起きた現場であった。赤報隊事件は、犯人が捕まらないまま放火事件が起きる前年の二〇〇二年に時効が成立した。その後も朝日新聞社は事件日前後には支局の前に祭壇を設け、赤報隊事件を風化させないよう努力を続けていた。一方、放火事件の被害は自転車のサドルが燃えただけで小さいものであったが、場所が場所であっただけに、もしかすると赤報隊関連の放火事件かもしれないとマスコミは大きく報道したのである。

逮捕された犯人は二〇代の知的障害の男性であり、赤報隊とはまったく関わりがないことがすぐに判明した。しかし、被害が小さくて良かったということでは済まない事情が次第にわかってきた。放火現場のすぐ傍には乗用車が停めてあり、燃え移れば大惨事になる可能性があった。また、ほぼ同じ時期に、この男性は近くの病院のごみ置き場にも火を付ける事件を起こしていた。過去にも何度か火を付ける事件を起こしているという情報もあった。

この犯人は逮捕されて警察留置場にいた。彼のことが気になった原田は、この段階では法律家の力を借りるしかないと考え、知り合いの谷村慎介弁護士に相談を持ち掛けた。そして、起訴後、谷村がこの男性の国選弁護人になった。

谷村は男性に接見を行い、事件の経緯や当時の生活状況などを聞いた。男性は母親を亡くしており、父親との二人暮らしであった。交際中の女性との別れ話でイライラして火を付けたという。実に身勝手な動機で、谷村は実刑の可能性もあるかもしれないと考えた。

刑事弁護人としてまず行ったのは放火被害の弁償の仲介である。幸い被害額が小さかったのでこの目途は付いた。次に執行猶予判決を求める情状の立証をどうするかということであるが、このような裁判で一般的に行うのは、父親に出廷してもらい「よく監督します」と証言させるか、父親にそういう書面を書いてもらって提出するかである。しかし、この父親と話をしてみると、相当に頼りない印象で、欲目に見てもこの人に監督の力があるとは思えなかった。

運よく執行猶予判決になったとして、それだけで済むだろうかという不安があった。社会に戻ってもう一回放火事件で捕まれば執行猶予は取り消される。その場合、再犯事件と懲役刑が加わり、相当長期間の受刑生活になる。この男性はその可能性が高いと思われた。

谷村は、考え抜いた挙句、この件を依頼してきた原田に協力を求めることにした。原田は、救護施設で四年、知的障害者施設で一二年のキャリアを持つ社会福祉士であった。

原田は、もともと自分が持ち込んだ件であったことから、谷村の要請を断ることはできなかった。谷村と原田は二人で拘置所の被告人に会いに行った。原田から見ると、この男性は、勤務する事業所の利用者とほとんど変わるところはない。ただ、大きく違うのは、不遇な環境で育ち、また現在彼を助ける存在が周囲にないことであった。

原田は、犯行動機、生活歴、生活状況、人間関係などに関する捜査機関の情報を、男性との面接を繰り返して、社会福祉士の視点で読み替えていった。原田が用いたのは、障害者の支援で使われるアセスメントやプランニングの手法であり、第一に被告人のニーズに沿う生活の構築を目指した。次に、その目標を叶えるための資源になりそうな関係者を次々巻き込み、一堂に会して支援体制を作るための話し合いをした。この努力によって、この男性を取り巻くネットワークがおぼろげながらできてきた。原田は、その結果を「支援計画書」としてまとめ、谷村はそれを弁護側の情状証拠として裁判所に提出した。

このような書証の提出は従来の刑事裁判では行われたことはない。谷村は原田に、責任能力の有無を争うため、精神科医の鑑定書並みの緻密な「支援計画書」にしてほしいと強く要請し、原田はその期待に応えた。

点から線へ、さらには面へ

この日本で初めての「支援計画書」では、本人の障害、及びその障害を補う社会資源が調っていないことによる困難が明らかにされ、それを克服するために必要な社会サービスを組み合わせたプランが提案された。そして、支援の目標とそれを実現する体制が短期、長期に分けて記載され、短期的には社会復帰後本人がどういうサービスを利用し、どういう生活を送るかについて、一週間のスケジュール表が明示された。もちろん支援計画であるので本人の完全な同意が前提であり、本人にていねいに説明し、納得してもらった。この種の支援計画は、福祉サービス提供に関する書面として、福祉の世界では一般的なものである。原田には、ニーズに沿った生活が実現できれば本人の心が安定し、更生すなわち犯罪から離脱することができるのではないかという思いがあった。しかし、刑事裁判においてこのような書面が証拠として扱われるかどうかは、谷村にも原田にもわからなかった。

谷村は、この裁判の弁論において、被告人は心神喪失ではなく、心神耗弱と言えるかにも疑問があるが、多くの人と比べると責任能力に欠けることは確かであると述べた上で、今回の逮捕を契機に本人を取り巻く福祉事業者を中心とするネットワークが形成されつつあることを、本人にとって有利な情状として主張した。谷村は、従来の被告人に対する支援は「点」であったが、原田の「支援計画書」によってそれが「線」でつながり、将来は「面」を形成していくというイメージを頭で描き、弁論でその考えを熱心に訴えた。

判決は「懲役一年六月、執行猶予四年」であった。判決理由には、「被告人の社会内での更生を援助する体制が整っている」と、「支援計画書」の存在がしっかり書き込まれていた。

被告人は裁判後自宅に戻り、計画に基づく支援が開始された。通常の裁判は判決確定によってすべてが終了するが、この判決が谷村にとっても原田にとってもこの男性との関わりの始まりとなった。男性は社会内で度々トラブルを引き起こした。その挙句再犯があり、執行猶予が取り消されて刑務所に服役した。その間にただ一人の肉親である父親も亡くなり、社会とのつながりは原田だけになった。原田は刑務所内の男性と文通を続け、面会に行き、私物を預かるというような頼まれごともできる限り応じた。弁護士の谷村も原田からの相談に度々応じた。

そして、刑務所出所後も、男性の社会内でのトラブルは絶えなかった。その都度、原田はこの男性と福祉サービス事業所との調整役を務めた。原田にとってこの活動は有償の業務ではない。乗りかかった舟としか言いようがなかったが、原田はこの男性との付き合いをやめることができなかった。男性は三〇代半ばで突然死し、そこで原田の支援の幕は降りた。

この件以降、原田は関西方面の弁護人の依頼を受け、この事例と同じような活動に取り組み始めた。今までに一〇〇人以上の被告人の「更生支援計画書」を作成し、多くの裁判で情状の証言を行った。被告人が望む限り、刑務所に入っても、保護観察になっても、関係の維持に努めている。この仕事は原田の天職である。

谷村、原田らは、自らの活動を『罪を犯した知的障がいのある人の弁護と支援——司法と福祉の協働実践』(現代人文社、二〇一一年)という本にまとめた。刑事弁護の一環で支援活動を行う社会福祉士はこの本をマニュアル本として活用している。社会福祉士会等がバックアップする被疑者・被告人の支援は、現在非常にスマートに行われるようになった。しかし、この本の底に流れる刑事裁判の中での弁護人の葛藤と役割意識、社会福祉士の泥臭い取り組みが、この活動の原点である。この領域には覚悟を持たないと踏み込めない。マニュアル本どおりでは済まないのだ。原田は、刑事司法に関わる社会福祉士のパイオニアであり、いまなお先頭ランナーである。

被告人との信頼関係をつくる

静岡県西部出身の荻大祐は二〇〇六年に弁護士として登録した。最初は複数の弁護士が在籍する法律事務所に所属し、刑事、民事、労働などさまざまな事件を担当した。

荻がもっとも魅力を感じたのは少年事件の付添人活動であった。少年事件は弁護士が多く手掛ける事件ではない。司法研修所で詳細に教わった記憶もなく、いざ付添人になると手引書片手に実践することになる。手引書には、少年鑑別所に収容された非行少年について、在宅での処分を求めるならば、付添人がどういう環境に戻すかを検討して、家庭裁判所に提案する必要があると書いてある。調査官を味方につけることが重要であるとも書いてある。しかし、調査官に話を持ち掛けても動いてくれない人も多い。それならば付添人が代わりにやらねばと、その少年を雇ってくれそうな職場に頼み込んだり、親元に戻すことができない場合は生活場所を探したりした。この活動を始めるとたいへん面白く、難しいがやりがいがあり、次第にはまり込んだ。そして、努力が報われ家庭裁判所が付添人の意見を採用し、それをきっかけに少年が立ち直っていく姿を見ると至福の喜びを覚えた。

ある日、荻は成人の刑事事件も同じではないだろうかと考え始めた。被告人に問題があるにしても、本人を取り巻く環境が悪いのはよくあることなのに、なぜ少年事件のように環境調整が課題にならないのだろうか。さらに広げると、破産事件など民事分野も同じではないか。裁判所が何かを決定しても、その人の抱える問題は解決していないのである。

そんなことを考えていた二〇一〇年、知的障害があると思われる被告人の弁護を国選で引き受けることになった。強盗致傷事件で裁判員裁判の事案である。荻は、拘置所で被告人との面会を繰り返した。公判前整理手続きも始まった。荻は、被告人に関して大きな戸惑いを覚えた。知的障害と言われているが会話は普通にできる。知的障害とは何だろうか。普通の人とどこか違うのだろうか。そして、知的障害の事実があるにしても、それを情状として主張するのは無理なような気がした。結局は、いつもの弁護活動と同じように、被害者への謝罪に取り組み、本人に深い反省を求め、親に今後の監督を誓約してもらう。こんなことしかないのかと思いを巡らした。ふと、少年事件で付添人を務めたときの環境調整の活動が頭に浮かんだ。この被告人に今より少しでもましな環境を用意できるなら、それを情状として主張することができるのではないかと考えたのである。

そのとき、犯罪に関わりのある障害者のことは「静岡県地域生活定着支援センター」に相談したらいいと教えてくれた人がいた。早速そのセンターを訪ねて出会ったのが、社会福祉士の飯田智子であった。

飯田は、静岡県内の大規模な社会福祉法人の職員であった。その法人が二〇〇九年に刑務所出所者の社会復帰を支援する「地域生活定着支援事業」を受託したのであるが、このとき飯田に白羽の矢が立ち、この事業を行うセンターに異動となった。飯田が罪を犯した人の支援に携わるようになったのは、ここが出発である。

飯田は、莢といっしょに身体拘束中の被告人と面会を重ねた。被告人のことを知るにつれ、本人に知的障害があるという事実が犯罪の原因ではなく、家族・地域・職場など本人を取り巻く状況との兼ね合いで困難が生じており、それが事件の背景であることがわかってきた。地域内には、豊かとは言えないまでも、本人が今までアクセスしてこなかった福祉サービスが存在している。本人と福祉サービスを結びつけるのは、まさに莢の求めるところであった。飯田は、それを「更生支援計画書」にまとめた。また、裁判員裁判の公判に証人として出廷し、「更生支援計画書」に基づく証言を行った。

その被告人の判決は実刑であったが、莢は刑事裁判でも被告人としっかりした関係づくりをすれば、少年事件と同じように環境調整の結果を情状として主張できることを確信した。飯田は障害者支援の知識や技術が司法の場で有効に使えるという手ごたえを感じて、充実した気持ちになった。そして、飯田は被告人であった刑務所内の男性と手紙のやり取りを続け、面会にも出掛けた。出所後も支援の必要な人だと思ったからであった。いつの間にか飯田に「この仕事は手離してはいけない私の仕事だ」という気持ちが芽生えていた。

地域の公共財に

この裁判後、障害のある被告人の問題に関心を持つ弁護士や社会福祉士が集まり、勉強会を定期的に行うようになった。二〇一三年、荻は単独の弁護士事務所を設立した。翌年、飯田は社会福祉士としてその事務所に所属することになった。それと同時に、被疑者・被告人の環境調整を実践する組織として「NPO法人静岡司法福祉ネット明日の空」を設立した。飯田が代表理事、荻が副代表、さらに数名の協力者が役員に加わり、この組織は船出した。その後、この活動は公的に認められ、認定NPO法人になった。

「明日の空」の活動は、被疑者・被告人の支援から始まるが、そこに止まらず、刑事司法手続きが終了した後も、本人が望む限り関係を継続する。活動を進める中でこの地域のあるアパートのオーナーの協力が得られた。支援の対象者の中に居住先を失った人が結構いたが、そのオーナー所有の集合住宅の一部をシェルターとして提供してもらうことができたのである。

さらに活動は大きく発展する。シェルターを一時的な生活の場にした人や、そこから自らが契約した住居に移って自立した人、そして荻、飯田、協力者、ボランティアが気軽に集まりいっしょに楽しく時間を過ごす場があったほうがいいという話になり、「あかね雲の会」というグループが作られた。年に何回か、野外上映会、焼肉パーティー、ハイキングなどの行事を行っている。

二〇一九年の春、私は「あかね雲の会」の焼肉パーティーに参加した。集まったのは執行猶予中の人、刑務所から戻ってきた人、飯田・荻ほか法人役員、ボランティアなどさまざまで、総勢二〇名ほどであった。富士山がくっきり見える良い天気の半日、参加者は歓談し、肉と野菜、おにぎりを焼いて食べ、またビンゴゲームを楽しみ賞品をもらった。参加者一同は晴れ晴れした表情である。

一人の男性が私の前に座って柔和な表情で話しかけてきた。ていねいな話し方で、ボランティアの人だと思って「今日はお疲れ様ですね」と返した。その男性は、以前自分がやってもいないことで警察に捕まってたいへんな目に遭ったことがあるとか、最近変な連中に絡まれて困ったなどと、自分の体験を話し始めた。ここでやっと、私は彼がボランティアでなく、飯田が以前支援した刑事裁判の当事者であることに気付いた。「あかね雲の会」の集まりは、誰が支援者で誰が当事者なのかよくわからないくらい、垣根のない場である。

飯田は、今までに刑事司法手続きの中にある一〇〇人を超える人を支援してきた。そして、現在、同時並行で何人もの被告人、受刑者、社会復帰者と関わり続けている。飯田の活動は静岡県東部ですっかり有名になり、「おぎ法律事務所」の枠を超え、この地域の弁護士が活用する公共財になった。「明日の空」の活動の素晴らしさは、活動に必要と考えた資源を自分たちで次々作っていくことにある。荻と飯田の心配事はこのような活動の後継者が見つかりそうにないことであり、荻は「死して屍《しかばね》拾うものなし」(『大江戸捜査網』の言葉)と言って笑う。この活動を途絶えさせないための道筋を考える必要がある。

3 「岡山モデル」の実践——偽計業務妨害事件の被告人G

第一章の五つの傍聴記録は、ちまたに溢れる刑事裁判の姿である。全国の地方裁判所、簡易裁判所で、「福祉ニーズ」に無関心な裁判が繰り返されている。だが、最近、岡山地方裁判所で、弁護人の書証として社会福祉士作成の更生支援計画書が提出されたり、社会福祉士が弁護側証人として証言したりする裁判に出会うようになった。

私自身も社会福祉士で、四年前に岡山県社会福祉士会の会員になった。弁護人からの依頼で行われている岡山での活動について、私の知っている範囲で説明しておきたい。

岡山では、二〇一七年三月に弁護士会と社会福祉士会の間で刑事分野での社会福祉士関与に関する協定が締結されている。これを「刑事分野における司法・福祉連携「岡山モデル」」と名付けている。弁護人が依頼するのは高齢の人、障害のある人、少年のケースで、社会福祉士は弁護活動を、本人への支援と資源探索・開発の視点でサポートする。この活動の財源は「公益財団法人リーガル・エイド岡山」であった。この財政基盤があることで他地域と比べると利用度が高く、この数年、年間二〇人から三〇人程度に関与しているという現状である。

岡山においても、日本弁護士連合会の新制度を受け、二〇二三年五月に規程を改正し、基本的には、この活動を日本弁護士連合会の財政によって行うものとした。

以降、私の法廷傍聴の中で、この「岡山モデル」によって社会福祉士が刑事裁判に関与し、法廷証言を行ったものを紹介してみたい。

〔冒頭手続き〕

秋口のある日の午前、久しぶりに妻といっしょに傍聴に出かけた。法廷横の待合コーナーの椅子に私の知り合いの社会福祉士がいて、彼はきりっとした表情の三〇歳前後の女性と真剣な表情でひそひそ話をしていた。それを横目に、私たち夫婦は法廷に入った。傍聴席にふっくらした柔和な顔つきの二〇歳前後の男性が一人だけ座っていた。検察官、弁護人はすでに着席していた。少し時間が経って、社会福祉士と女性も傍聴席に座った。

被告人が法廷に入ってきた。若い女性だった。被告人を挟んだ押送職員の一人は女性、もう一人は男性である。被告人は、法廷に入るとすぐに腰縄を外してもらったが、弁護人席の前に座るよう促されたとき手錠は掛けられたままであった。午前一〇時ぴったりに裁判官が入廷した。検察官、弁護人、被告人、押送職員、傍聴者全員が立ち上がり一礼した。その後、被告人の手錠が外された。

裁判官の指示で被告人は証言台の前に立ち、人定質問を受けた。氏名はG、二六歳であることがわかった。

検察官の公訴事実の朗読に移った。事件名は「偽計業務妨害」である。その内容は、県警察のホームページの「県警察に対するご意見・ご要望」コーナーに、具体的なスーパーマーケットの店名を挙げて「〇月〇日〇時頃に人を刺し殺して自分も死にます」と書き込みをしたというものであった。しかも、ほぼ同じ内容の書き込みを三度行っている。

裁判官が黙秘権を告知した後、公訴事実の認否を被告人に尋ねる。被告人は「そのとおりです」とあっさり答えた。意見を求められた弁護人は「被告人と同意見です」と答える。

被告人は大きな声ではきはきと答えていた。このところ高齢被告人のたどたどしい陳述ばかりを聞いていたので、若い被告人の力ある言葉にほっとしたものを感じた。

県警察ホームページの意見欄への書き込みは誰でも手軽にできることである。しかし、この被告人の書き込みを警察は放置できない。書き込まれたような事件が本当に起こってはいけないので、多数の警察官を現地に派遣せざるを得なかった。簡単に実行できてしまう犯罪ではあるが、社会が迷惑を被る度合いはその容易さの比ではない。どうしてそんな馬鹿げたことをしたのと誰もが言いたくなるだろう。私の頭の中も「どうしてこの被告人は……」という思いがグルグル回った。

〔証拠調べ〕

検察官の冒頭陳述に移る。

偽計業務妨害

被告人――G

被告人の身上経歴等――被告人は〇〇県〇〇市で出生し、高校を二年で中退した後、工員、店員などをしていた。二〇歳で結婚したが、その後離婚し、現在〇〇市内で一人暮らしをしている。令和〇年〇月〇日、偽計業務妨害で罰金刑に処せられた。

犯行に至る経緯、犯行状況等――被告人は前件により罰金刑の判決を受けた一週間後、前件偽計業務妨害と同種事案である「スーパーマーケット〇〇〇〇において〇月〇日〇時頃に人を刺し殺して自分も死にます」という書き込みを三度行った。県警察は、被告人の行為により警察官数名を現地に赴かせて警戒に当たり、その業務において大きな影響を受けた。

情状その他――(説明はなかった)

弁護人はすべての書証の取調べに同意したが、本人の調書の一部に被告人本人が事実と異なると主張している部分があると述べた。

検察官が、書証の要旨を説明した。「甲号証」は二〇程度、「乙号証」は一〇足らずである。私は家裁調査官の経験から、中に本人所有のスマートフォン内の一連のメール記録を印刷したものがあるだろうなと思った。これは確認するのに骨が折れる。ほか「甲号証」には県警察のホームページに書き込まれた画面の写し、現地に警察官を派遣する指令書、派遣警察官の記録、被害店舗や関係者の調書などがあるだろう。「乙号証」は本人の調書、前科調書、身上調査票などだろう。検察官から書記官を経て裁判官に提出された書類の束は結構分厚いものであった。

弁護人は、二点の「弁号証」を提出し、更生支援計画書を作成した社会福祉士と、被告人の保佐人を証人とすることを申し出た。検察官から証拠提出に「同意」、証人の採用に「然るべく」の声があった。

裁判官は二人の証人の取調べを告げた。立ち上がって証言台に移ったのは、私の知り合いの社会福祉士であった。彼が宣誓書を読み上げた。

宣誓——良心に従って真実を述べ、何事も隠さず、偽りを述べないことを誓います。

その後、裁判官は「嘘の供述をすると偽証罪に問われることもあります」と釘を刺す。善意で証言する社会福祉士にとっては嫌な場面だなと思う。

弁護人の質問が始まる。社会福祉士が被告人の更生支援計画書を作成した経緯が語られる。「岡山モデル」という言葉が出てくる。社会福祉士の同種活動の実績が質問される。私は知らなかったが、彼はすでに一〇人以上の被告人の更生支援計画書を作成していた。「岡山モデル」の活動の第一人者である。さらに質問が続く。

弁護人「被告人の現在の心身はどういう状態ですか」

社会福祉士「療育手帳を所持しておられ知的な障害があります。面接をした印象ですが、発達障害の傾向もあるように見受けました。ただ、この点は後日医師による診断が必要です」

弁護人「今回の事件と被告人の障害は関係がありますか」

社会福祉士「大いに関係があります」

弁護人「どういうところでそう思いますか」

社会福祉士「ストレスを感じたとき、適切な方法でそれを処理できないことです」

弁護人「同じようなことにならないためには、どういう手立てがありますか」

社会福祉士「療育手帳を持っておられるので、何らかの障害福祉サービスを受けることができます。サービスを利用することで困ったときの相談相手が得られ、生活も安定すると思います」

弁護人「具体的にはどういうサービスが受給できますか」

社会福祉士「医師の確定診断が得られてからの話になり、今の段階で被告人について具体的なことを申し上げることはできません。一般的には、知的障害ならば自立訓練、就労支援が考えられますし、精神障害への対応ということになれば精神科医療機関への通院、訪問看護などが考えられます」

弁護人「サービス内容を誰がどのようにして決めるのですか」

社会福祉士「本人が住所を置く地域の基幹となる相談支援機関が中心になり、住所地の地域内のさまざまなサービス機関の状況を見て組み立てます。本人がその利用に同意することが前提ですが」

弁護人「被告人の考えはどうですか」

社会福祉士「拘置所で何度か面会して福祉サービスの利用について意向を尋ねました。被告人はこれからの問題を一人では解決できないことを理解しており、私たちの提案に同意しています」

検察官の質問に移った。

検察官「被告人は知的障害、発達障害ではないかと言われましたが、社会福祉士には診断はできませんね」

社会福祉士「被告人は療育手帳を所持していますので、過去、医師が精神発達遅滞の診断をしていることは確かです。私は長く精神科医療機関に勤務しており、本人の有するこだわりの強さ、見通しの立たないことへの不安の大きさは、発達障害特有であると思いました。この点について医師の診断が必要であることはそのとおりです」

検察官「本人が社会に戻ると、どこに住所を置くことになりますか」

社会福祉士「今までの住所地に引き続き住むことができないと聞いています。社会に戻った後まずは身を寄せられる所に一時的に帰住し、そこで医師の診断を受け、生活保護の申請をして、本格的な住居を探します。一時的な身の寄せ場所は保佐人が考えてくれています。いずれにせよ、被告人の今後の生活の方針は、本人の希望をよく聞きながら進めます」

検察官「被告人は社会福祉士の言うことをよく聞くと思いますか」

社会福祉士「支援は私だけがするわけではありません。保佐人が選任されていますし、今後は本人の居住地の相談支援機関が加わります。関係者のチームで支援していこうと思います」

続いて裁判官が質問する。

裁判官「更生支援計画書に書いてある内容は被告人に説明しましたか」
社会福祉士「はい」
裁判官「本人は理解しましたか」
社会福祉士「理解してくれたと思います」

保佐人への証人尋問に移った。開廷前、社会福祉士と話し込んでいた女性が保佐人であった。証言台に移り、宣誓を行う。

弁護人「証人が被告人の保佐人となった経緯はどういうことでしょうか」
保佐人「被告人が県北にいたころ、私の所属する弁護士法人事務所に、夫の暴力と離婚、借金についての相談がありました。その過程で、被告人が療育手帳の所持者であることを知りました。被告人の両親は離婚していました。成人しているとは言え、若年の被告人は父、母のサポートをほとんど受けられない状態でした。被告人に家庭裁判所への保佐申立てを勧め、私たちの法人の県北事務所の弁護士が保佐人に選任されました。ところが、ある日突然、被告人が当時の住所からいなくなり、電話連絡も取れなくなりました。今回の事件で逮捕され、初めてその所在がわかったのです。保佐人の弁護士が警察に接見に行って尋ねると、被告人は県北に戻って生活する気はないと言います。法人内で協議し、被告人が今後住所を置きたいと希望する○○市の事務所が責任を持つことになりました。この事務所では私が成年後見を主に担当しているので、私が被告人の保佐人となったのです」

弁護人「あなたはどれくらい成年後見をご担当されているのですか」

保佐人「数百人かと思います」

弁護人「それはたいへんでしょうね」

保佐人「私の事務所には一〇人以上の社会福祉士がいて、弁護士と社会福祉士とが協働して後見の事務に当たっています」

弁護人「あなたは被告人と話をしましたか」

保佐人「一度だけですが拘置所に接見に行きました。まだ被告人と深い話はできていません。これからしたいと思います」

弁護人「社会福祉士は、被告人には当面身を寄せる所が必要で、保佐人が検討していると言いましたが、それはどこか心づもりがあるのですか」
保佐人「私たちの事務所がよく利用するシェルターがあります」
弁護人「社会福祉士は、被告人が当面生活保護を申請すると言っています。その後、被告人の生活はどうなりますか」
保佐人「被告人は就職を希望しています。おばあちゃん子であったようで、高齢者の介護の仕事を希望しています。ある高齢者施設の施設長に被告人のことを話すと、一度会ってみようかと言ってくれました。この件で被告人の意向を聞くのはこれからになりますが、本人が同意して意欲を示すなら、この話を進めてもらおうと思います」

次に、検察官が尋ねる。

検察官「被告人は県北の事務所の保佐人に何も言わないで転居したのですね」
保佐人「はい、そうです」
検察官「何も言わないで転居した理由は聞いていますか」

保佐人「離婚した後、恋人ができていっしょに暮らすことにして、彼のいる○○市に移ったと、接見で聞きました」

検察官「これからもまた無断で居なくなってしまう心配はないですか」

保佐人「そうならないようしっかり本人の困りごとの相談に乗っていきたいと思います」

被告人質問に移り、弁護人が被告人に質問を重ねる。

弁護人「警察のホームページへの書き込みは、警察を困らせるつもりでやったわけではないんだよね」

被告人「はい、困らせる気はなかった」

弁護人「やったことを今振り返ってどう思う」

被告人「よくなかったと思う」

弁護人「前にも同じことをして罰金になってるよね」

被告人「はい、罰金です」

弁護人「罰金の額はいくらでしたか」

被告人「四〇万円」
弁護人「払うことができそうでしたか」
被告人「無理でした」
弁護人「払えないとどうなると聞きましたか」
被告人「刑務所（実際は労役場）に行くと聞きました」
弁護人「行くとどうなると思いましたか」
被告人「友だちに「まわされる（輪姦される）ぞ」って言われました」
弁護人「それくらい怖かったわけですね。ほかにもストレスがありましたか」

その後、被告人は、弁護人からの質問に答え、コンビニで働いて自立生活を送っていたこと、コンビニの店長夫婦に気に入られたのは良かったが難しい仕事を任されるようになりパニックになったこと、結局は仕事上うまくいかないことが多くなり辞めたことなどを話した。ちぐはぐな答えや、何を言おうとしているのかわからない部分はあったが、はきはきした物言いであった。社会の中で最初のうちは良いところを見せて頑張るが、相手が期待してもう少し責任の重いことをさせようとすると挫折してしまう。それがこの被告人のパターンなのだろうと理解する。頼ろうとした恋人はまったく頼りにならずに別れた。その後、仕事を失い、手持ちの金が乏しくなり、事件当時はとにかく早く仕事に就かないといけないと焦り、ストレスの塊であったようだ。

弁護人は家庭のことも話題にした。父母は、被告人が高校生のころ離婚し、本人は父のもとに残り、母は県外に出た。父は母にしばしば暴力を振るい、非常に怖い人であった。二〇歳で結婚したが、夫は大きな借金を作った上、父と同様、妻である被告人によく暴力を振るった。弁護士の力を借りて何とか家庭裁判所で離婚することができた。その後、父のいる家に戻って近くの工場で働いた。結婚しようと言ってくれる男性が現れ、彼のいる○○市に転居した。

弁護人「困ったとき誰かに相談できなかったの」
被告人「スマホでいろんな人に聞いてもらった」
弁護人「恋人は聞いてくれなかったの」
被告人「すぐに別れた」
弁護人「お父さんやお母さんには相談できないの」
被告人「相談すると、私のことでお父さんとお母さんがまたけんかを始める」

弁護人「あなたには保佐人がいたでしょう。なぜ相談しなかったの」
被告人「勝手に住所を変えたので、これで関係が切れたと思って」
弁護人「これからもまた困ったことがあると思うけど、そのときどうしますか」
被告人「○○さん（保佐人）や○○さん（社会福祉士）に相談します」

その後、検察官が質問する番となった。

検察官「ストレスが溜まって今回の事件を起こしたということですか」
被告人「はい」
検察官「ストレス解消の方法はほかにありませんか」
被告人「一人でカラオケに行ったけど」
検察官「ストレスは解消しなかったのですか」
被告人「よけいストレスが溜まって」
検察官「先ほど弁護人の質問に対して、警察を困らせるつもりはなかったと言ったけど、それは本当ですか」

被告人「はい」

検察官「それでも警察では、困らせるつもりだったと言ってるよね」

被告人「警察に腹は立っていた」

最後に裁判官が質問する。

裁判官「社会福祉士さんが作った計画の内容は聞いていますか」

被告人「はい」

裁判官「計画の内容を実行できると思いますか」

被告人「○○さん（社会福祉士）や○○さん（保佐人）が病院や市役所に一緒に付いて行くと言ってくれました。できると思います」

〔論告・弁論〕

検察官の論告に移った。

前件で罰金刑を受けたが、その一週間後、再び同種事件を起こした。しかも同じような書き込みを三度敢行した。その都度、同店舗を管轄する警察署の警察官が出動するなどその業務に多大な影響を与えた。社会福祉士によって更生支援計画が立てられ、保佐人が選任されているなど本人に有利な点を考慮しても、なお再犯の可能性は高い。相当法条を適用の上、被告人を懲役一年に処することを相当と思料する。

弁護人の最終弁論となる。

公訴事実を争うものではない。被告人にとって今回は初めての身体拘束であった。被告人はやったことが悪いということがよくわかったと言っている。警察ホームページ意見欄に書き込みをしたという前件で罰金刑になった。今回の事件はその判決後わずか一週間で、同種の書き込みを三度もしたものである。誰が考えても馬鹿げたこと、本人には申し訳ないが、率直に言ってそういうことで、この事件は被告人の障害特性を抜きに考えるのは無理である。障害者支援の専門家である社会福祉士の支援が必要である。身上面の相談相手としては保佐人が選任され、この度体制が組み直された。以上の点から執行猶予判決を求める。

被告人が「悪いことをしたと思っています。反省しています」と最終陳述した。これでこの日の審理は終わった。

〔判決〕

一週間後、被告人に「懲役一年、執行猶予三年」の判決が言い渡された。被告人はその場で釈放され、弁護人、社会福祉士、保佐人に連れられて法廷を出た。

〔感想〕

判決後、被告人は身体拘束を解かれ、更生支援計画に記載されたとおりの活動を行う。まずは、この女性はこの日から準備されたシェルターで生活を始める。そして翌日以降、精神科クリニックに診察の予約をし、福祉事務所に生活保護申請に行くという手順を踏んでいく。数カ月先には自立する居住先を見つけ、就職先も見つけなければならない。こんなふうに社会生活を再開していくわけである。

その日まで身体拘束されていた人を支援するのは容易なことではない。具体的な支援活動の実行のためには、決めなければならないことがたくさんある。まずこの人を裁判所からシェルターに誰がどうやって連れて行くのか、医療機関の予約は誰が行うか、福祉事務所には誰が同行するか……。若い女性であれば特に、直接支援する人のジェンダーにも注意が必要である。

そして、その本人が支援者の言うことに素直に従ってくれるならいいが、「嫌だ」、「そんなことはしたくない」と言い出すとやっかいである。更生支援計画が絵に描いた餅になることもあるが、それもやむを得ないことである。執行猶予判決はその人を更生支援計画に従わせる強制力を持つものではない。

ところで、この女性の前件罰金刑の行方はどうなるのであろうか。就職先が早く見つかり、その収入から分割で支払うことを許されればいいが、労役場に入ることになるかもしれない。

元保護司の妻の気持ちは完全に被告人寄りである。「関係が切れたと本人に思わせた保佐人に責任はないの」と私に尋ねる。私は、保佐人に対象となる人の行状にまで責任を持たせるのはとうてい無理であると思ったが、何も言わずにいた。「子どもの福祉施設にはあんなタイプの女の子がいっぱいいるわ。心の傷つきが、ときどき顔を出すのよね。ただ、あの子に介護の仕事はできない。感情労働は無理だわ」という妻のコメントが続いた。

妻の頭の中では、この被告人は加害者でなく完全な被害者であった。私もそれに近い気持ちである。この被告人に社会福祉士が関わっていて、本当に良かった。担当した弁護人に拍手したい気持ちになった。強い語気でない、穏やかな語り口の弁護人である。

4 「もう忘れた」――傷害・窃盗事件の被告人H

午後一時過ぎ、小さな法廷に入る。私が座った席の前に六〇歳前後と思われるスーツ姿の男女がいた。裁判官が入廷して開廷を宣言し、その後、裁判官の指示で男性のほうが木の柵の向こう側の証言台に立った。身柄を拘束されていない在宅事件であったのだ。事件は洗濯干場から女性の下着を盗んだ窃盗で、この日はその判決が言い渡される。

判決は、執行猶予判決であった。被告人には同種窃盗の前科が二回あり、それはいずれも罰金刑であった。裁判官が判決理由で「裁判に妻が証人として出廷し、今後夫である被告人の監督をすると誓約した」と述べたことに私は驚きを隠せなかった。

私の斜め前に座る女性がその妻なのだろう。私の体の中には安堵感が漂った。犯罪を繰り返しても妻として夫を支えようとしている。性犯罪を繰り返したという事実を夫婦で共有し向き合い、乗り越えようとしている。なかなかできることではないが、今私の目の前でそれが行われているのだ。裁判官の控訴の権利の告知が終わり、私はすぐにその法廷を出た。私の視線が被告人夫婦の姿を追ってしまうのを恐れたからである。

〔冒頭手続き〕

少し時間をおいて私は同じ法廷に戻った。傍聴席に五、六名の若者がいる。次の裁判の検察官、弁護人、身体拘束中の被告人はすでに入廷しており、裁判官を待っていた。被告人は七〇代半ばと思われる高齢者であった。手錠姿が痛々しい。法廷の入口の一覧表には「傷害・窃盗」とあった。この弱々しい男性がどんな暴力を振るったのだろうか。

裁判官が入廷し、被告人の手錠が解かれた。裁判官が被告人に証言台に移動するよう指示した。被告人は立ち上がったがよろよろしており、足が前に出ない。押送職員の一人が被告人の手を取る。

裁判官の人定質問があった。被告人の氏名はH、七六歳であることがわかった。

検察官が公訴事実を読み上げた。一つは傷害事件である。令和〇年三月、〇〇市内のスナックで男(三二歳)を右拳で殴り五日間の治療を要するけがをさせた。もう一つは、その年一月の菓子パン一個、二月の珈琲牛乳紙パック一個の窃盗事件である。

裁判官から罪状認否の質問がある。被告人は、窃盗事件の事実は認めたが、傷害について「殴られ押し倒されたのでやり返した。やって来た警察官にも殴られた」と弁解した。弁護人は「被告人と同意見であり、傷害について正当防衛を主張する」と述べた。

〔証拠調べ〕

検察官の冒頭陳述に移る。

被告人の身上経歴等——被告人は○○県内で出生し、中学卒業後、建設作業員などの仕事をした。六○歳で退職し、現在年金生活である。結婚歴はあるが離婚し一人暮らしである。窃盗事件で令和○年に罰金刑となり、前科一犯である。

犯行に至る経緯、犯行状況等——被告人は三月、○○市内のスナックで無銭飲食したところ、被害者から金を払わないといけないだろうと忠告されたのに腹を立て、その顔面を右拳で殴りつけ、加療五日間を要する顔面切創の傷害を負わせた。同スナック店長の通報により駆け付けた○○警察署○○交番の警察官二名に任意同行を求められ、これに従った。ほか窃盗事件二件を引き起こしている。

情状その他——（説明はなかった）

弁護人は書証の同意を求められ、被害者と、目撃者であるスナック店長の供述調書は不同意だが、そのほかはすべて同意すると答えた。検察官は、弁護人の同意した「甲号証」二〇以上、「乙号証」一〇くらいの要旨を順次説明し、裁判官に提出した。

裁判官は弁護人の立証計画を尋ねた。弁護人は、社会福祉士作成の「更生支援計画書」を情状証拠として申請した。これについて検察官は不同意であるという意見を述べた。

裁判官が、次回期日の審理予定について検察官、弁護人の意見を訊く。次回の目撃者の証人尋問を検察官二〇分、弁護人一五分とし、次々回の被害者の証人尋問も同様の時間配分とすることが決まった。

一週間後の目撃者の証人尋問、二週間後の被害者の証人尋問で、検察官と弁護人は似たような質問を繰り返した。争点の一つは、被害者が被告人に最初に暴力を振るったかどうかである。目撃者も被害者も、被告人の暴力が始まる前にその肩を手で軽く何度か叩いたと証言した。しかし、それは暴力でなく、暴力は被告人が一方的に振るったものだと被害者は一貫して主張した。被告人は被害者に殴られた末押し倒されたと言う。どこまで行っても平行線である。目撃者は、弁護人から被害者との関係を尋ねられ、さらに目撃したことを詳細に説明するよう何度も詰められ、気分を害している様子であった。陳述内容に矛盾する事柄は多かったが、私には目撃者が被害者と親しい関係で、庇《かば》おうとして嘘を言っているようには思えなかった。弁護人は目撃者と被害者に粘り腰で質問を繰り返したが、警察・検察の捜査結果を覆す事実が発見されたとは思えなかった。

調査官時代、私は多くの暴力事件の少年の調査を担当した。事件現場では全員が興奮状態であり、そこで起きた事実関係を客観的に把握することがいかに難しいかを知っていた。実際、暴力事件の事実の否認は多い。時間の経過とともに記憶が変質し、次第に自分に都合のいいように理解する傾向もある。事件日時に近接した時期の捜査結果は比較的真実に近いのは確かだが、悪意の目撃者や被害者がいたら話は別である。この事件ではどうか。通常、加療五日間程度の被害なら加害者が謝罪して和解し、被害届を取り下げるという経過になることが多いように思う。この高齢男性が「やられたからやり返した」と強く主張したために被害者感情が悪くなったのではないか、捜査でも裁判でも否認を続けたからこんなに長く身体拘束されることになったのではないか、と私の頭の中はグルグル回った。この男性に「もういい加減にしたら」

と言えないのであるが、犯罪の大きさに不釣り合いな労力を投入している裁判であると思わざるを得なかった。しかし、これが実体的真実の追及を使命とする刑事司法の役割である。

被害者の証人尋問が終わったところで、検察官が、被告人を任意同行した警察官を証人として申請したいと述べた。裁判官から意見を求められた弁護人は「本件と関係ないので必要ないと思いますが、まあ、然るべく」と答える。裁判官が検察官に尋問時間を尋ねると、一〇分程度でいいと言う。裁判官は、その証人尋問を行う前提で次回、次々回の期日を決めたいと告げ、検察官、弁護人と期日の調整を始めた。最後に「警察官の証人尋問について次回までにどうするかを決めます」と告げ、この日の審理は終わった。

その一週間後、四回目の審理が行われた。入廷する被告人は前々回、前回と比べてさらに足取りが不安定になっている。拘置所生活で身体の衰えが一層進行したと感じた。押送職員が介護職のように転倒防止に気を遣わざるを得ない状態である。耳の聞こえも良くないようで、補聴器をつけている。裁判官が「聞こえていますか」と大きな声で尋ねると「はい」と弱々しく答えた。冒頭、裁判官が「検察官申請の警察官の証人尋問は行わないことにします」と告げた。検察官は少し不満そうな表情になった。

この日、更生支援計画書を作成した社会福祉士に対する証人尋問が行われた。この社会福祉士も私の顔見知りである。弁護人の社会福祉士に対する質問により、次のようなことが明らかになった。

被告人は若いころ、精神疾患で治療を受けていた時期があった。しかし、障害福祉サービスを受けたことはない。現在その症状はほとんどなくなっている。今は認知症が疑われ、実際に日常生活上にさまざまな支障が生じている。一年くらい前、要介護二の判定を受けた。その後も高齢者福祉サービスを利用していない。年金受給者であるが、現在多額の借金がある。自分自身で金銭を管理する力がないので、後見が開始され、一月に家庭裁判所が後見人を選任した。後見人が今後の金銭管理の方法を被告人と話し合う日を設定しようとしていたところ、本件傷害事件で逮捕された。被告人の更生支援としては、まずは以前の精神疾患、そして認知症など現在の状態について医師の診断を受け、その次に介護認定の見直しを申請することになる。

弁護人「被告人の自宅での生活は可能ですか」

社会福祉士「今の段階ではわかりません。もし判決後社会に戻るなら、医師の診断を受けるためしばらく入院するのがいいと思います。逮捕前の介護認定は要介護二でしたが、もう一度やり直す必要があります。要介護度が上がっているように思います」
弁護人「自宅で生活できないとすると、どうなりますか」
社会福祉士「認知症の状態と、要介護度がどうなるかに拠ります。考えられる所としては認知症対応型グループホーム、特別養護老人ホーム、あるいは有料老人ホームなどです。すべて本人の同意が必要です」
弁護人「現時点での本人の希望はどうですか」
社会福祉士「被告人本人も一人での生活に不安を感じているようで、今は私の計画に同意してくれています。これからも助言を聞き入れてくれると信じています」

検察官が質問する。

検察官「被告人が支援を断ったら、どうなりますか」
社会福祉士「本人が同意しないサービスを押し付けることはないです」
検察官「被告人は他人の言うことを聞かない人のように思いますが」

社会福祉士「拘置所での接見では話はよく聞いてくれたと思います。それと私一人が支援するわけではないです。後見人には成年後見を行う法人が選任されています。高齢者福祉サービスの利用に際しては住所地の地域包括支援センターの社会福祉士や保健師、介護支援専門員などの専門職が関わります。みんなで相談しながら支援方法を考えていくことになります」

検察官「被告人は独善的で強情なところがあります。それはわかっていますか」

社会福祉士「ちょっとお答えのしようがありません」

裁判官は社会福祉士に何も質問しなかった。

被告人質問に入った。弁護人が傷害事件の事実関係について質問した。被告人はすっかり記憶があやふやになっており、「もう忘れた」、「わからん」を繰り返した。話の筋としては、「スナックの用心棒に暴力で圧力を掛けられたのでやり返した」、「(被害者の)顔のけがが自分のせいかどうかわからない」ということである。また、「店に入ってきた警察官に引っ張られたり殴られたりした」という主張も繰り返した。次に二件の万引きの理由を尋ねた。数年前、交通事故に遭いしばらく入院し、退院後長く通院が続いた。事故の加害者との示談ができず、保険金が下りなかったので、治療費をずっと自分で支払った。年金では支払いきれず、借金し、手持ちの金がないため食べ物を買えないこともあった。空腹に耐えられず、コンビニで食べ物、飲み物を盗んでしまった。前件窃盗の罰金は支払えなかったので、しばらく刑務所(労役場)に入った。

弁護人「歩行が困難なようだが、どうやってコンビニやスナックに行ったの」
被告人「長いことは歩けないが、自転車に乗って足で蹴れば動ける」

驚くような答えであった。

検察官の質問に移った。再び、事実関係について細かい質問が繰り返され、被告人は何が何だかわからなくなったようで、「わからん」、「覚えてない」を繰り返した。あまりにちぐはぐなやり取りにしびれを切らした裁判官が「もう少しわかりやすい質問に変えてください」と口を開いた。検察官の質問後、裁判官はゆっくりした口調でいくつかの質問をした。しかし、藪の中であることは変わらなかった。手を尽くしても真実解明はできないという状況のもとで、法律の専門職が悪あがきしている光景のように見えた。

被告人質問が終わり、裁判官は検察官に、本日論告ができるかと尋ねた。検察官は「できません。次回期日でお願いします」と答える。私の邪推かもしれないが、裁判官は「できないことはないだろう」という気持ちであったのではないかと思った。論告と弁論が次回、判決は次々回、これで被告人の拘置所生活は短くてもさらに二週間以上続くのだ。刑事裁判の担い手たちは、公判期日を迎えるたび目に見えて体力が低下して行く被告人をどう考えているのか。川の流れを司る法律専門職にはその動きを止められないようである。逮捕前の判定では要介護二であったが、日に日に体の不自由さが増している。そのような高齢者の拘置所生活がすでに五カ月を超えているのである。

〔論告・弁論〕

一週間後、裁判官が開廷を告げ、検察官の論告が始まった。

公訴事実すべては証拠によって証明されている。傷害についての被告人の正当防衛は成立しない。目撃者と被害者の証言は警察官作成の報告書にある逮捕直後の被告人の状態と矛盾しない。事件直後に撮られた写真では、殴打されたと主張する被告人の顔面に傷や痣《あざ》は見られない。被告人の主張は警察官作成の報告書の内容と矛盾する。社会福祉士作成の更生支援計画書のとおり被告人が支援を受けるとは考えられない。被告人は無銭飲食をたしなめた被害者に激高して暴力を振るったのであり、動機に酌量の余地はない。前科一犯であり、罰金刑に処せられた後、二件の窃盗と傷害事件を引き起こしており、規範意識の鈍麻が甚だしい。以上の理由により相当法条を適用の上、一年六月の懲役刑に処することを相当と思料する。

弁護人の弁論に移る。

ここで今一度、被告人の立場から事件を見直してほしい。被告人は被害者をスナックの用心棒と思った。その被害者から肩を叩かれたことにより、暴行されたという認識に至ることは仕方ないことである。それは意図しない暴行であったと言える。被告人は飲食費について翌日の午後支払うことで話がついたと思っていたところ、被害者が割って入って起きた事件である。そのときの被告人の屈辱感と恐怖心は容易に想像できる。被告人にもプライドがある。被告人と被害者の言い分は異なり、目撃者の証言も安定性に欠け、事実は藪の中である。また被害者のけがは全治五日間の軽傷であり、刑罰に処せられるほどのことなのだろうか。被告人の心身の力は逮捕時と比べて著しく低下しており、ここでさらに懲役刑で刑務所に入ることになれば更生の力を著しく奪うことになる。被告人は弁護人に対してこれからの一人暮らしに不安があると訴え、社会福祉士作成の更生支援計画の実施に同意している。また、被告人には後見人が選任されているので、今後その支援を受けることもできる。以上の点から被告人には執行猶予判決を求める。

最後に被告人が「生まれてこの方、私は人を殴ったことはありません。今度の事件で一方的に暴力を振るったと言われるのは心外です」とはっきりした口調で述べた。被告人質問のときの力ない言葉と比べると、力のこもった最終陳述であった。これくらいの力がある人だったのかと私は少々驚いた。

〔判決〕

一週間後、裁判官により判決が言い渡された。

主文──被告人を懲役一年二月に処する。うち未決勾留期間三〇日を算入する。この判決確定の日から三年間その執行を猶予する。

理由——前件窃盗で罰金刑に処せられた。労役場出場後一カ月足らずで窃盗事件と傷害事件を引き起こしている。傷害は正当防衛である、違法性に欠けるとの弁護側主張は採用できない。各書証により被害者の顔面の傷が被告人の暴力によるものであることは明らかである。被告人は遵法精神に欠け、規範意識が鈍麻しており衝動性も見られる。一方、社会福祉士による更生支援計画が立てられており、被告人は今後その支援を受けると述べた。以上の点から被告人は社会内で更生する可能性があると判断した。

その後、裁判官は執行猶予の意味を説明し、控訴の権利を告げた。これで、やっと被告人Hの裁判は終了した。

〔感想〕

裁判官が法廷を出て行った後、傍聴席にいたブレザー姿の中年男性が弁護士に声を掛けた。

男性「私、この人の後見人です。この人は今日これからどうなりますか」

弁護人「今釈放されましたけど、荷物が拘置所に置いたままになっているから、取りに行かんといかんな。昔は検察官が執行猶予になりそうな被告人に荷物を持って法廷に行くように言ってくれてたけど、今はそんなこと言わないなあ」

男性「本人が一人で取りに行くんでしょうか」

男性は困ったような表情になった。その後、男性に近づいて行ったのは前々回の期日に証言した顔見知りの社会福祉士である。ここで私は法廷を出た。

その先どうなったかは知らない。拘置所職員に頼んで押送車に乗せてもらう方法もあるらしい。しかしそうするなら、その日押送車に乗る者全員の裁判が終わるまで待つ必要がある。自分の力で裁判所から拘置所まで行くとするとバスで二〇分である。バス代くらいのお金は持っているのだろうか。身体拘束が解かれて日常生活に戻ると、すべてを自分で考えて実行するしかなくなるのである。しかし、この人には後見人と更生支援計画を作成した社会福祉士がいる。これは大きな救いであった。

終章　社会の責任として

二〇二三年五月八日、新型コロナウイルス感染症は「五類感染症」となり、社会は少しずつ以前の姿に戻っていった。二〇二四年が始まった現在、相変わらずマスク姿の人は多いが、街中に多くの団体ツアー客や海外旅行者を見かけるようになった。研究組織や職能団体の活動、私の地元での地域活動も活発になり、退職者である私も、最近少々忙しい。コロナ禍以降オンライン会議が頻繁に行われるようになったことが重なり、毎日、妙な多忙感がある。

振り返ってみれば、私が岡山地方裁判所に足しげく傍聴に通っていたのは、ある意味非常に異常な期間であった。日本で新型コロナウイルス感染症の患者第一号が確認されたのが二〇二〇年一月、同年四月に全国に緊急事態宣言が発された。宣言はいったん解除されたものの、その後地域を限った宣言が繰り返された。すべての都道府県で宣言が解除されたのは二〇二一年九月である。その後も流行の山が幾度もあった。しかし、二〇二二年後半から少しずつ人々の警戒心は緩み、コロナ禍以前の社会活動が日に日に復活していった。

コロナ禍の期間の犯罪事象はどうであっただろうか。

『令和五年版犯罪白書』には「平成二七年以降戦後最少を更新し続けてきた刑法犯の認知件数は、令和四年、二〇年ぶりに前年を上回った。新型コロナウイルス感染症の影響もあり、刑法犯認知件数は、令和二年に大きく減少し、三年もこれに引き続き減少しており、人々の生活が日常に戻りつつあった四年は、その揺り戻しにより増加した可能性が考えられるものの、今後いかなる推移をたどるのか注視が必要である」(法務総合研究所長、瀬戸毅による同白書はしがき)と記されている。

二〇二二年の揺り戻しの指摘はあるものの、この三年間の特徴は犯罪数が非常に少なかったことである。しかし、振り返ってみてこの期間がとりわけ安全な社会であったとは感じられない。

この間、社会を騒然とさせる犯罪もあった。二〇二一年一〇月三一日の京王線刺傷事件(いわゆるジョーカー仮装男の事件)、同年一二月一七日の北新地ビル放火殺人事件、二〇二二年一月二七日のふじみ野市散弾銃男立てこもり事件、二〇二三年一月一九日の狛江市強盗殺人事件(ルフィ広域強盗事件の一つ)、同年五月二五日の中野市四人殺害事件などだ。すでに刑が確定した事件もある。北新地の事件の被疑者は本人を含む二七名の死亡者を出したが、その内実は藪の中になりそうである。犯罪は理不尽なものである。刑事裁判はその理不尽極まりない事象を対象としている。

ただ、このような有名事件に刑事事件の典型があるわけではない。実際の刑事裁判のほとんどは、私が傍聴したような窃盗・詐欺・傷害・覚醒剤などの地味な事件である。マスコミが報道することがないか、せいぜい地方版のベタ記事になるくらいのものである。

私が刑事裁判の傍聴を始めた動機の一端に「累犯者の多くが元非行少年でないとするなら、この人たちは、いつから、どういう事情で犯罪に手を染め、やめられなくなったのか」という問いがあった。現時点で、この解が得られたのかと問われると、自信を持ってそうだとは言いにくい。しかし、何となくつかみ取れたことはあったように思う。

学校を卒業し就職し社会的地位を得ていたとしても、家族を失う、仕事を失う、予期せぬ事故や災害に見舞われるなどをきっかけに罪を犯すことはある。ただ、多くの人は、誰かの助けにより、一度か二度の過ちがあったとしても、立ち直っていく。累犯は、彼を救い出す人や方法が見つからないまま推移した結果である。

刑事裁判で検察官は、犯行動機や背景を捜査結果に基づいて一見客観的に語るが、最後は、お決まりの「規範意識が甚だしく欠如」という言葉に表されるとおり、被告人自身の資質や性格に犯罪の原因があると断定する。裁判官は、判決で「被告人に有利な事情を最大限考慮しても本件への非難は免れない」と結論付ける。刑事裁判の一連の流れは犯罪ではなく犯罪者を憎むシステムとして機能し、その憎むべき人を社会から遠ざける結果に至る。これが、刑事訴訟法第一条に定められた「事案の真相を明らかにし、刑罰法令を適正且つ迅速に適用実現する」業務の実際である。こんな主張をする私は法曹界の反感を買うだろう。素人がこの分野に口出しするなという空気は、裁判員裁判が開始されてからもほとんど変わらない。もっとも私は、刑事司法の制裁的側面を全面否定するつもりはない。バランスが問題であり、本来は制裁一本槍になる刑事司法のバランスを取る役割は弁護人が担わなければならない。バランスを失しているように見える責任の多くは弁護士にあるように思う。これも批判を受けるかもしれない所感である。

私は、犯罪を生み出すのは社会であり、社会の傷として犯罪が生み出されると考えている。この考えに反発する人は多い。犯罪の責任は本人にある。第一に、本人に責任を負わせる。それができないならば家族が責任を持つべきである。そんな考えが社会にまん延している。

私は、こんなふうに思うのだ。罪を犯すのは、そこに至るまでの人生の中でさまざまな事情からうまく生きることができなかった人たちである。そのさまざまな事情の中にある社会の責任は決して小さなものではない。さらに、犯罪の結果強制される刑事司法手続きは、そのさまざまな事情をまったく解決せず、それどころか、本人の心のダメージを広げ、それを修復する手助けをせず、手続き終了後は放り出すように社会に戻すのである。これでは累犯者は立ち直れない。
始まって二〇年ほどになり、徐々に広がりつつある刑事司法手続きへの社会福祉士の関与は、大きな社会実験である。二〇二三年四月からの日本弁護士連合会の新制度に基づく取り組みは、この実験を前進させるに違いない。

刑事裁判の傍聴を多くの人に勧めたい。社会福祉士が証言する裁判を見てみたいと思う人もいるかもしれない。しかし一、二回の傍聴でそういう場面に遭遇することはできないだろう。全国的には第四章で紹介したような裁判はまだ非常に少ない。私が暮らす岡山は、刑事弁護を支援する社会福祉士の活動が、日本の中の特異点と言っていいくらい活発な地域である。その岡山でも第一章に紹介したような裁判が多い。数年先、全国の裁判所の刑事裁判でよく社会福祉士を見かけるという声を聞くことができれば嬉しいのだが。

ただ、刑事裁判への社会福祉士の関与について、バラ色のイメージを大きく振り撒くことは慎みたい。その活動で罪を犯した人々の地域社会への移行や定着が以前より円滑になるとは思うが、その結果、犯罪者は立ち直れるのか、犯罪被害者は救われるのか、犯罪のために生じた社会の傷を癒すことができるのか、ひいては犯罪の少ない社会に近づくことができるのかと問われると、犯罪はそんな柔に解決できる社会問題ではないと答えるしかないだろう。社会福祉士にできることは限られている。

最後に、社会福祉士にとって刑事司法への関与が、自らの専門性の可能性への挑戦となることを指摘しておきたい。刑事司法は、社会福祉士が依拠するソーシャルワークの「社会正義、人権、集団的責任、および多様性尊重の諸原理」(国際ソーシャルワーカー連盟・国際ソーシャルワーク学校連盟の二〇一四年合同総会で決議された「ソーシャルワーク専門職のグローバル定義」の言葉)がもっとも試される場なのである。

あとがき

元家庭裁判所調査官で社会福祉士の私は「司法福祉学」の研究者であると自負する。かつて、司法福祉は家庭裁判所の業務とほぼ同義語であった。それが、二〇〇〇年以降、司法と社会福祉の交わる分野が大きく広がり、多くの人が司法福祉という言葉を使い始めた。

私は、二〇〇五年に調査官を退職し、大学の社会福祉系学科の教員となった。どんどん広がり多義化する司法福祉領域において核となる研究活動に取り組みたいと考えていたところ、非常に幸運なことに、二〇一八年度から日本学術振興会の基盤研究(C)「犯罪者の立ち直り支援に有効な資源開発に関する総合的研究」、公益財団法人三菱財団の社会福祉事業・研究「司法に関わるソーシャルワーカーの研修プログラムの開発」の二つが採択され、大きな研究費の助成を受けることができた。この二つの研究活動によって、全国の刑事司法に関わる社会福祉士等と濃密な関係を築くことができ、さらに世界の司法ソーシャルワークの中での日本の位置を知るため、SWSD2018(二〇一八年ソーシャルワーク・社会開発合同世界会議、ダブリン)、NOFSW2019(二〇一九年全米司法ソーシャルワーク機構定期大会、ラスベガス)に出席することができた。

この二つの研究活動を引き継ぎ、二〇二一年度から、日本福祉大学ソーシャルインクルージョン研究センターの研究者数名と共に、日本学術振興会の基盤研究（B）「刑事裁判の弁護活動へのソーシャルワーク専門職の関与のあり方に関する総合的研究」に取り組んでいる。

私の岡山地方裁判所での傍聴活動は、六五歳で大学を退職した当時、ちょうどコロナ禍で社会活動のほとんどが停止していたこともあり、ほぼ毎日が自由時間になったことから始めた。しかし、私をこの活動に強く駆り立てたのは、私が進めようとしている研究活動のアイデアを探索したいという動機であった。明確にしておきたいのは、本書に記した傍聴記録や研究ノートは学術研究の成果でなく、私の体験を主観的な視点でまとめたものであるということである。現在、私たち研究グループが取り組む基盤研究（B）では、当然のことであるが、主観性を排したデータ収集と科学的分析に努めており、その成果はいずれ学術論文という形で世に出すことになる。どこにどういう形で公表するかは現段階では決まっていないが、この成果にぜひ注目してほしい。

本書は、刑事司法など縁がないと考えている方に手に取っていただきたいと考えて執筆した。本書において私の主観を遠慮なく表明したが、少し怖い気持ちもある。素人が法律の世界に口出しするな。犯罪者に甘過ぎるし、誰もが潜在的犯罪者という言い方は納得できない。そもそも社会福祉士が本当に犯罪の抑止に役立つのか。などなど、私の執筆したことをめぐってさまざまな感情的反応が起こるような気がする。本書を世に出した以上、私は覚悟を決め、書いたことに責任を持つとともに、可能な限り社会福祉士として刑事司法手続きの中にある人への支援を続けていく所存である。

本書の執筆に関して、数多くの方の力を借りた。被告人に寄り添う弁護活動を行う埼玉弁護士会の松山馨弁護士、静岡県弁護士会の荻大祐弁護士、岡山弁護士会の上月健輔弁護士には全原稿に目を通していただき、法曹の目から貴重な助言をいただいた。認定NPO法人「静岡司法福祉ネット明日の空」理事長の飯田智子社会福祉士、「はらだソーシャルワーカー事務所」の原田和明社会福祉士、兵庫県弁護士会の谷村慎介弁護士には、ご本人の実践をありのまま語っていただき、温かい助言をいただいた。京都大学の岡邊健先生には犯罪統計の読み方に関して重要な示唆をいただいた。皆様に厚く御礼申し上げる。ただ、犯罪統計を用いた考察・解釈は私が独断で行ったものであり、記載内容すべての責任が私にあることを明記しておきたい。

また、大学教員を退職後、私に研究の場を提供してくれた日本福祉大学、研究活動を支えてくれる同大学研究課の皆様、共同して研究に取り組む同大学ソーシャルインクルージョン研究センターの研究員の皆様に感謝申し上げるとともに、現在取り組む研究に引き続き協力をお願いしたい。ときどき法廷傍聴に付き合ってくれた妻、二〇二一年年頭に私の傍聴活動の意思を確認してくれた二人の子にもお礼を言いたい。

最後に、深く感謝申し上げたいのは岩波書店の中山永基(関永基)さんである。岩波新書担当から『世界』編集部に移られた後も、本書についてプロフェッショナルな視点で的確な助言を続けてくださった。中山さんのサポートなくして本書の刊行はなかったと考えている。

本書を完成させて、この執筆が実に多くの方に支えられたものであることを実感する。多くの人に支えられて何かを成し遂げるほど幸せなことはない。刑事司法手続きの「川」の本流を流される人たちも、多くの人に支えられることによって必ず犯罪から離れることができると信じつつ、本書の筆を擱く。

著　者

二〇二四年一月

藤原正範

1954年，岡山県生まれ
1977年，岡山大学教育学部卒業．2005年まで家庭裁判所調査官を務める．神戸家庭裁判所姫路支部主任調査官を最後に退職．2005年から2020年まで鈴鹿医療科学大学准教授・教授．2008年，日本福祉大学大学院社会福祉学研究科修了，博士(社会福祉学)．2019年，社会福祉士資格取得．
現在－日本福祉大学ソーシャルインクルージョン研究センター・研究フェロー
著書－『少年事件に取り組む―家裁調査官の現場から』(岩波新書)
『被害者のこころ　加害者のこころ―子どもをめぐる30のストーリー』(明石書店)

罪を犯した人々を支える
―刑事司法と福祉のはざまで
岩波新書(新赤版)2014

2024年4月19日　第1刷発行

著　者　藤原正範《ふじわらまさのり》

発行者　坂本政謙

発行所　株式会社 岩波書店
〒101-8002 東京都千代田区一ツ橋2-5-5
案内 03-5210-4000　営業部 03-5210-4111
https://www.iwanami.co.jp/

新書編集部 03-5210-4054
https://www.iwanami.co.jp/sin/

印刷製本・法令印刷

ISBN 978-4-00-432014-2　　Printed in Japan

岩波新書新赤版一〇〇〇点に際して

ひとつの時代が終わったと言われて久しい。だが、その先にいかなる時代を展望するのか、私たちはその輪郭すら描きえていない。二〇世紀から持ち越した課題の多くは、未だ解決の緒を見つけることのできないままであり、二一世紀が新たに招きよせた問題も少なくない。グローバル資本主義の浸透、憎悪の連鎖、暴力の応酬――世界は混沌として深い不安の只中にある。

現代社会においては変化が常態となり、速さと新しさに絶対的な価値が与えられた。消費社会の深化と情報技術の革命は、種々の境界を無くし、人々の生活やコミュニケーションの様式を根底から変容させてきた。ライフスタイルは多様化し、一面では個人の生き方をそれぞれが選びとる時代が始まっている。同時に、新たな格差が生まれ、様々な次元での亀裂や分断が深まっている。社会や歴史に対する意識が揺らぎ、普遍的な理念に対する根本的な懐疑や、現実を変えることへの無力感がひそかに根を張りつつある。そして生きることに誰もが困難を覚える時代が到来している。

しかし、日常生活のそれぞれの場で、自由と民主主義を獲得し実践することを通じて、私たち自身がそうした閉塞を乗り超え、希望の時代の幕開けを告げてゆくことは不可能ではあるまい。そのために、いま求められていること――それは、個と個の間で開かれた対話を積み重ねながら、人間らしく生きることの条件について一人ひとりが粘り強く思考することではないか。その営みの糧となるものが、教養に外ならないと私たちは考える。歴史とは何か、よく生きるとはいかなることか、世界そして人間はどこへ向かうべきなのか――こうした根源的な問いとの格闘が、文化と知の厚みを作り出し、個人と社会を支える基盤としての教養となった。まさにそのような教養への道案内こそ、岩波新書が創刊以来、追求してきたことである。

岩波新書は、日中戦争下の一九三八年一一月に赤版として創刊された。創刊の辞は、道義の精神に則らない日本の行動を憂慮し、批判的精神と良心的行動の欠如を戒めつつ、現代人の現代的教養を刊行の目的とする、と謳っている。以後、青版、黄版、新赤版と装いを改めながら、合計二五〇〇点余りを世に問うてきた。そして、いままた新赤版が一〇〇〇点を迎えたのを機に、人間の理性と良心への信頼を再確認し、それに裏打ちされた文化を培っていく決意を込めて、新しい装丁のもとに再出発したいと思う。一冊一冊から吹き出す新風が一人でも多くの読者の許に届くこと、そして希望ある時代への想像力を豊かにかき立てることを切に願う。

（二〇〇六年四月）

法律

医療と介護の法律入門　児玉安司
敵対的買収とアクティビスト　太田洋
会社法入門〔第三版〕　神田秀樹
法の近代 権力と暴力をわかつもの　嘉戸一将
少年法入門　廣瀬健二
倒産法入門　伊藤眞
国際人権入門　申惠丰
AIの時代と法　小塚荘一郎
労働法入門〔新版〕　水町勇一郎
アメリカ人のみた日本の死刑　デイビッド・T・ジョンソン　笹倉香奈訳
虚偽自白を読み解く　浜田寿美男
親権と子ども　榊原富士子　池田清貴
裁判の非情と人情　原田國男
独占禁止法〔新版〕　村上政博
密着 最高裁のしごと　川名壮志
「法の支配」とは何か 行政法入門　大浜啓吉
憲法への招待〔新版〕　渋谷秀樹
比較のなかの改憲論　辻村みよ子
大災害と法　津久井進
変革期の地方自治法　兼子仁
原発訴訟◆　海渡雄一
民法改正を考える◆　大村敦志
人が人を裁くということ　小坂井敏晶
知的財産法入門　小泉直樹
消費者の権利〔新版〕　正田彬
名誉毀損　山田隆司
刑法入門　山口厚
家族と法　二宮周平
憲法とは何か　長谷部恭男
良心の自由と子どもたち　西原博史
著作権の考え方　岡本薫
法とは何か〔新版〕　渡辺洋三
戦争犯罪とは何か　藤田久一
日本の憲法〔第三版〕　長谷川正安
憲法と天皇制　横田耕一
自由と国家　樋口陽一
憲法第九条　小林直樹
日本人の法意識　川島武宜
憲法講話◆　宮沢俊義

社会

女性不況サバイバル　竹信三恵子
パリの音楽サロン　青柳いづみこ
持続可能な発展の話　宮永健太郎
皮革とブランド 変化するファッション倫理　西村祐子
動物がくれる力 教育、福祉、そして人生　大塚敦子
政治と宗教　島薗進編
超デジタル世界　西垣通
現代カタストロフ論　金子勝・児玉龍彦
「移民国家」としての日本　宮島喬
迫りくる核リスク 〈核抑止〉を解体する　吉田文彦
記者がひもとく「少年」事件史　川名壮志
中国のデジタルイノベーション　小池政就
これからの住まい　川崎直宏
検察審査会　デイビッド・T・ジョンソン・平山真理・福来寛

ドキュメント〈アメリカ世〉の沖縄　宮城修
東京大空襲の戦後史　栗原俊雄
土地は誰のものか　五十嵐敬喜
民俗学入門　菊地暁
企業と経済を読み解く小説50　佐高信
視覚化する味覚　久野愛
ロボットと人間 人とは何か　石黒浩
ジョブ型雇用社会とは何か　濱口桂一郎
法医学者の使命 「人の死を生かす」ために　吉田謙一
異文化コミュニケーション学　鳥飼玖美子
モダン語の世界へ　山室信一
時代を撃つノンフィクション100　佐高信
労働組合とは何か　木下武男
プライバシーという権利　宮下紘
地域衰退　宮崎雅人
江戸問答　田中優子・松岡正剛

広島平和記念資料館は問いかける　志賀賢治
コロナ後の世界を生きる　村上陽一郎編
リスクの正体　神里達博
紫外線の社会史　金凡性
「勤労青年」の教養文化史　福間良明
5G 次世代移動通信規格の可能性　森川博之
客室乗務員の誕生　山口誠
「孤独な育児」のない社会へ　榊原智子
放送の自由　川端和治
社会保障再考 〈地域〉で支える　菊池馨実
生きのびるマンション　山岡淳一郎
虐待死 なぜ起きるのか、どう防ぐか　川崎二三彦
平成時代◆　吉見俊哉
バブル経済事件の深層　奥山俊宏・村山治
日本をどのような国にするか　丹羽宇一郎
なぜ働き続けられない？ 社会と自分の力学　鹿嶋敬
物流危機は終わらない　首藤若菜

岩波新書より

認知症フレンドリー社会　徳田雄人
アナキズム 一丸となってバラバラに生きろ　栗原康
まちづくり都市 金沢　山出保
総介護社会　小竹雅子
賢い患者　山口育子
住まいで「老活」　安楽玲子
現代社会はどこに向かうか　見田宗介
EVと自動運転 クルマをどう変えるか　鶴原吉郎
ルポ 保育格差◆　小林美希
棋士とAI　王銘琬
科学者と軍事研究　池内了
原子力規制委員会　新藤宗幸
東電原発裁判　添田孝史
日本問答　田中優子・松岡正剛
日本の無戸籍者　井戸まさえ
〈ひとり死〉時代のお葬式とお墓　小谷みどり
町を住みこなす　大月敏雄

歩く、見る、聞く 人びとの自然再生　宮内泰介
対話する社会へ　暉峻淑子
悩みいろいろ　金子勝
魚と日本人 食と職の経済学　濱田武士
ルポ 貧困女子　飯島裕子
鳥獣害 動物たちと、どう向きあうか　祖田修
科学者と戦争　池内了
新しい幸福論　橘木俊詔
ブラックバイト 学生が危ない　今野晴貴
原発プロパガンダ　本間龍
ルポ 母子避難　吉田千亜
日本にとって沖縄とは何か　新崎盛暉
日本病 長期衰退のダイナミクス◆　金子勝・児玉龍彦
雇用身分社会　森岡孝二
生命保険とのつき合い方◆　出口治明
ルポ にっぽんのごみ　杉本裕明
鈴木さんにも分かるネットの未来　川上量生

地域に希望あり◆　大江正章
世論調査とは何だろうか◆　岩本裕
フォト・ストーリー 沖縄の70年　石川文洋
ルポ 保育崩壊　小林美希
多数決を疑う 社会的選択理論とは何か　坂井豊貴
アホウドリを追った日本人　平岡昭利
朝鮮と日本に生きる　金時鐘
被災弱者　岡田広行
農山村は消滅しない　小田切徳美
復興〈災害〉　塩崎賢明
「働くこと」を問い直す　山崎憲
原発と大津波 警告を葬った人々　添田孝史
縮小都市の挑戦　矢作弘
福島原発事故 被災者支援政策の欺瞞　日野行介
日本の年金◆　駒村康平
食と農でつなぐ 福島から◆　塩谷弘康・岩崎由美子
過労自殺〔第二版〕◆　川人博

岩波新書より

金沢を歩く　山出保
ドキュメント 豪雨災害　稲泉連
ひとり親家庭　赤石千衣子
女のからだ フェミニズム以後　荻野美穂
〈老いがい〉の時代◆　天野正子
子どもの貧困 II　阿部彩
性と法律　角田由紀子
〈ヘイト・スピーチ〉とは何か◆　師岡康子
生活保護から考える◆　稲葉剛
かつお節と日本人　宮内泰介・藤林泰
家事労働ハラスメント　竹信三恵子
福島原発事故 県民健康管理調査の闇◆　日野行介
電気料金はなぜ上がるのか◆　朝日新聞経済部
おとなが育つ条件　柏木惠子
在日外国人〔第三版〕　田中宏
まち再生の術語集　延藤安弘
震災日録 記憶を記録する◆　森まゆみ
原発をつくらせない人びと　山秋真

社会人の生き方◆　暉峻淑子
構造災 科学技術社会に潜む危機　松本三和夫
家族という意志◆　芹沢俊介
ルポ 良心と義務　田中伸尚
夢よりも深い覚醒へ◆　大澤真幸
3・11 複合被災◆　外岡秀俊
子どもの声を社会へ　桜井智恵子
就職とは何か◆　森岡孝二
日本のデザイン　原研哉
ポジティヴ・アクション　辻村みよ子
脱原子力社会へ◆　長谷川公一
希望は絶望のど真ん中に　むのたけじ
アスベスト 広がる被害　大島秀利
原発を終わらせる　石橋克彦編
日本の食糧が危ない　中村靖彦
希望のつくり方　玄田有史
生き方の不平等◆　白波瀬佐和子
同性愛と異性愛　風間孝・河口和也
新しい労働社会　濱口桂一郎

世代間連帯　上野千鶴子・辻元清美
道路をどうするか　五十嵐敬喜・小川明雄
子どもの貧困　阿部彩
子どもへの性的虐待◆　森田ゆり
テレワーク 「未来型労働」の現実　佐藤彰男
反貧困　湯浅誠
不可能性の時代　大澤真幸
地域の力　大江正章
少子社会日本　山田昌弘
親米と反米　吉見俊哉
「悩み」の正体　香山リカ
変えてゆく勇気◆　上川あや
戦争で死ぬ、ということ　島本慈子
ルポ 改憲潮流　斎藤貴男
社会学入門　見田宗介
冠婚葬祭のひみつ　斎藤美奈子
少年事件に取り組む　藤原正範
悪役レスラーは笑う◆　森達也
いまどきの「常識」◆　香山リカ